Lucas-Preis

2014

Anziehung und Abstoßung

Juden und Christen in den ersten Jahrhunderten ihrer Begegnung

von

Peter Schäfer

Übersetzungen von

Paul Silas Peterson

Herausgegeben von

Jürgen Kampmann

Mohr Siebeck

Peter Schäfer, geboren 1943; 1968 Promotion; 1973 Habilitation; 1983–2008 Professor für Judaistik an der Freien Universität Berlin; 1998–2013 Ronald O. Perelman Professor of Jewish Studies und Professor of Religion an der Princeton University; seit 2014 Direktor des Jüdischen Museums Berlin.

ISBN 978-3-16-153990-9

Die Deutsche Nationalbibliothek verzeichnet diese Publikation in der Deutschen Nationalbibliographie; detaillierte bibliographische Daten sind im Internet über *http://dnb.dnb.de* abrufbar.

Das Buch wurde von niemeyers satz in Schrattenberg/Österreich aus der Bembo gesetzt und von Gulde-Druck in Tübingen gedruckt.

Inhalt

Attraction and Repulsion

Jews and Christians
in the First Centuries of Their Encounter

by

Peter Schäfer

Anziehung und Abstoßung

Juden und Christen
in den ersten Jahrhunderten ihrer Begegnung

von

Peter Schäfer

One of the most important independent writings of Leopold Lucas, one which he wrote as a rabbi of the tradition-steeped Jewish congregation of Glogau, was the study published in 1910 titled *The History of the Jews in the Fourth Century*.[1] The webpage of the Faculty of Protestant Theology at the University of Tübingen states correctly about this relatively short but very concise and informative study: »The work has not been made obsolete to this day and it is a landmark for the study of the tense relationship between Judaism and Christianity in the post-Constantine period. The balanced and objective judgment of the author gives the study its lasting value.« The outstanding character of the study is exemplified by the fact that it made, for the first time in a systematic and comprehensive way, the writings of the church fathers fruitful for this indeed tense relationship between Jews and Christians. Furthermore, the study did not draw upon detached theoretical considerations but worked solely and directly from the original sources. I feel closely connected not only to this area of research, but also, in particular, to this methodology; I thus feel greatly honored

Eine der wichtigsten selbständigen Schriften von Leopold Lucas, die er als Rabbiner der traditionsreichen jüdischen Gemeinde Glogau verfasste, war die 1910 veröffentlichte Studie *Zur Geschichte der Juden im vierten Jahrhundert.*[1] Mit Recht heißt es auf der Website der Evangelisch-Theologischen Fakultät der Universität Tübingen über diese relativ kurze, aber höchst prägnante und informative Studie: »Das Werk ist bis heute nicht überholt und ein Markstein für die Erforschung des spannungsvollen Verhältnisses zwischen Judentum und Christentum in der nachkonstantinischen Zeit. Das abgewogene sachliche Urteil des Verfassers verleiht der Studie ihren bleibenden Wert.« Das Besondere dieser Studie besteht darin, dass sie erstmals in systematischer und umfassender Weise die Schriften der Kirchenväter für dieses in der Tat spannungsvolle Verhältnis zwischen Juden und Christen fruchtbar macht, und zwar nicht in abgehobenen theoretischen Erwägungen, sondern ausschließlich und direkt aus den Originalquellen erarbeitet. Ich fühle mich nicht nur diesem Forschungsgebiet, sondern gerade auch dieser Arbeitsweise eng verbunden und

to receive a prize which is dedicated to the memory of Leopold Lucas.

Leopold Lucas's book was a pioneering work in 1910, one which had a limited effect and was soon to be overtaken by the growing anti-Semitism and National Socialism. Of course, there were, now and again, dispersed individual studies on the relationship between Judaism and Christianity which included the church fathers,[2] but most authors assumed that the separation of Christians and Jews happened once and for all sometime in the first or early second century C.E. (the English technical term for this is »The Parting of the Ways«, as was succinctly formulated in the title of a book by James J. D. Dunn from 1991[3]) and that after this separation two different religions established themselves with increasingly intensifying mutual hostility. Accumulative resistance was formed against this old and long-lasting paradigm at the end of the twentieth century; a tentative climax was reached in a volume published in 2003 (edited by my Princeton students Adam Becker and Annette Reed) with the no less programmatic, indeed, provocative title *The Ways that Never Parted.*[4] It is the basic premise of this volume that the theory about the allegedly early and final separation of the two religions follows an overly simplistic and methodologically highly questionable model. Instead of prematurely tying down rigid and

empfinde es darum als große Ehre, einen Preis entgegenzunehmen, der dem Andenken von Leopold Lucas gewidmet ist.

Das Buch von Leopold Lucas war 1910 eine Pioniertat, die wenig Wirkung zeitigte und bald durch den zunehmenden Antisemitismus und Nationalsozialismus überrollt werden sollte. Natürlich gab es immer einmal wieder versprengte Einzeluntersuchungen zum Verhältnis von Judentum und Christentum unter Einbeziehung der Kirchenväter,[2] aber die meisten Autoren gingen davon aus, dass die Trennung von Christen und Juden irgendwann im 1. oder frühen 2. Jahrhundert n. Chr. ein für allemal vollzogen wurde (der englische Fachterminus dafür ist »The Parting of the Ways«, wie dies 1991 prägnant in einem Buchtitel von James J. D. Dunn formuliert wurde)[3] und dass sich nach dieser Trennung zwei unterschiedliche Religionen mit sich zunehmend verschärfender gegenseitiger Feindschaft etablierten. Gegen dieses alte und langlebige Paradigma formierte sich Ende des 20. Jahrhunderts zunehmender Widerstand – mit seinem vorläufigen Höhepunkt in einem 2003 erschienenen Sammelband (herausgegeben von meinen Princetoner Schülern Adam Becker und Annette Reed) unter dem nicht weniger programmatischen, ja provokativen Titel *The Ways that Never Parted*.[4] Es ist die grundlegende Prämisse dieses Sammelbandes, dass die angeblich frühe und endgültige Trennung der beiden Religio-

static identities, the authors propose that the diverse and often contradictory source material should be taken seriously and that for a long time fluid and porous borders between what would later become »Judaism« and »Christianity« should be presumed. We have always known that emerging Christianity defined itself with recourse to and in conflict with Judaism, but it took much longer until the insight began to prevail that also Judaism (the rabbinic Judaism of the first centuries C.E.) crystalized first in exchange with Christianity, that is, that the establishment of the two *sister* religions, early »Christianity« and rabbinic »Judaism«, was a reciprocal process that was mutually conditioned and not just the splitting-off of a »daughter religion« from its »mother religion«. In the (shortened) German version of my English book, *The Jewish Jesus*,[5] I provocatively called this complementary process the »Birth of Christianity from the Spirit of Judaism« *and* the »Birth of Judaism from the Spirit of Christianity«.[6]

nen einem allzu simplen und methodisch höchst fragwürdigen Modell folgt. Statt starre und statische Identitäten voreilig festzuzurren, schlagen die Autoren vor, die vielfältige und sich oft widersprechende Quellenlage ernstzunehmen und von lange fließenden und durchlässigen Grenzen zwischen dem, was später »Judentum« und »Christentum« werden sollte, auszugehen. Wir wussten schon immer, dass das entstehende Christentum sich im Rückgriff auf und in Auseinandersetzung mit dem Judentum definierte, aber es dauerte sehr viel länger, bis sich die Einsicht durchzusetzen begann, dass auch dieses Judentum (das rabbinische Judentum der ersten nachchristlichen Jahrhunderte) sich erst im Austausch mit dem Christentum herauskristallisierte, dass also die Etablierung der beiden *Schwester*religionen frühes »Christentum« und rabbinisches »Judentum« – nicht die Abspaltung einer »Tochterreligion« von ihrer »Mutterreligion« – ein wechselseitiger Prozess war, der sich gegenseitig bedingte. In der (verkürzten) deutschen Fassung meines englischen Buches *The Jewish Jesus*[5] habe ich diesen komplementären Prozess provokativ die »Geburt des Christentums aus dem Geist des Judentums« *und* die »Geburt des Judentums aus dem Geist des Christentums« genannt.[6]

Attraction and Repulsion

To use a term originally coined in the natural sciences, one can describe this process as »attraction« and »repulsion«, and here again not in the static-linear sense (from attraction to repulsion), but as a process which can take place on different levels simultaneously in both directions without immediately leading to a clear and unambiguous result (at some point the result of the final separation was undoubtedly reached, but it took a few centuries). With my lecture today I would like to introduce you to precisely this complicated process, and I plea for forbearance in advance if I break apart some familiar and cherished schemata. Furthermore, I would ask you to join me in engaging some difficult texts which are strange for the uninitiated listener and not easily accessible. I have always been of the opinion that reliable insights are only to be gained from the sources themselves and that one can and must expect this cognitive process also of one's hearers or readers, if one does not want to slip into perhaps more easily understandable, but ultimately superficial platitudes.

Leopold Lucas saw the relationship between Jews and Christians up to the fourth century as still predom-

Anziehung und Abstoßung

Um einen ursprünglich in der Naturwissenschaft geprägten Begriff aufzunehmen, kann man diesen Prozess als »Anziehung« und »Abstoßung« bezeichnen, und auch hier wieder nicht im statisch-linearen Sinne (von Anziehung zu Abstoßung), sondern als einen Prozess, der sich auf verschiedenen Ebenen gleichzeitig in beide Richtungen vollziehen kann, ohne sofort zu einem klaren und eindeutigen Ergebnis zu führen (irgendwann ist das Ergebnis der endgültigen Trennung zweifellos erreicht, aber das wird mehrere Jahrhunderte dauern). Genau in diesen komplizierten Ablauf möchte ich Sie mit meinem Vortrag heute einführen, und ich bitte vorab um Nachsicht, wenn ich damit einige vertraute und liebgewordene Schemata aufbreche. Des weiteren bitte ich Sie darum, sich mit mir auf einige schwierige, für den uneingeweihten Hörer merkwürdige und sich nicht leicht erschließende Texte einzulassen. Ich war immer der Überzeugung, dass gesicherte Erkenntnisse nur aus den Quellen selbst zu gewinnen sind und dass man diesen Erkenntnisprozess auch seinen Hörern/Hörerinnen oder Lesern/Leserinnen zumuten kann und muss, wenn man nicht in vielleicht leichter nachvollziehbare, aber letztlich oberflächliche Allgemeinplätze abgleiten will.

Leopold Lucas hatte das Verhältnis zwischen Juden und Christen bis zum 4. Jahrhundert noch

inantly an ever escalating conflict between two originally equal rivals, one which would end soon and inevitably with the final defeat of the Jews: »On the whole, the picture showed a great struggle between Christians and Jews. The loss of very important rights, which the Jews in the end had to lament, is the result of decisive defeats, the great humiliation which the victorious party in the religious revolution, embittered by intense resistance, put upon those who were overcome.«[7] And yet the attentive reader does find in his book nuances which foreshadow a less static image. We cannot know how the scholar Leopold Lucas would have developed if it would have been granted to him to survive the Nazi barbarism. Yet we can hope that he looks with charitableness and interest at that which my generation has to say about the subject of Jews and Christians in the first centuries C.E., those centuries that were formative for both religions.

The canonical Enoch

From the abundant material on our subject, I have chosen a tradition complex, which, I believe, illuminates in an especially vivid way the intricate relation-

überwiegend als einen sich immer mehr zuspitzenden Kampf zweier ursprünglich ebenbürtiger Rivalen gesehen, der bald und unvermeidlich mit der endgültigen Niederlage der Juden enden sollte: »Im ganzen ergab sich das Bild eines gewaltigen Ringens zwischen Christen und Juden. Der Verlust sehr wichtiger Rechte, den die Juden am Ende zu beklagen hatten, ist die Folge entscheidender Niederlagen, die grosse Demütigung, welche die in der religiösen Revolution siegreiche Partei, durch heftigen Widerstand erbittert, der überwundenen auferlegt hat.«[7] Und doch findet der aufmerksame Leser in seinem Buch Zwischentöne, die ein weniger statisches Bild ahnen lassen. Wir können nicht wissen, wie der Wissenschaftler Leopold Lucas sich weiter entwickelt hätte, wenn es ihm vergönnt gewesen wäre, die Nazibarbarei zu überleben – aber wir können hoffen, dass er mit Nachsicht und Interesse auf das schaut, was meine Generation zum Thema Juden und Christen in den für beide Religionen formativen ersten nachchristlichen Jahrhunderten zu sagen hat.

Der kanonische Henoch

Aus dem überreichen Material zu unserem Thema habe ich einen Traditionskomplex ausgewählt, der, so denke ich, das vielschichtige Verhältnis von Juden

ship between Jews and Christians: the enigmatic and nevertheless highly influential figure of the patriarch Enoch. He would have, particularly if one considers the scanty reports about him in the Hebrew Bible, an amazing career, one that leads up to his transformation into the highest angel Metatron, the »Lesser God«. I will draw upon earlier works of mine but put these in a new and broader context.

Enoch's only appearance in the Hebrew Bible is limited to the two genealogies of the patriarchs in Genesis 4 and 5. In the second (Priestly) genealogy of Genesis 5, Enoch is the sixth patriarch after Adam. The following passage addresses him:

> (5:21) When Enoch had lived sixty-five years, he became the father of Methuselah.
> (22) After the birth of Methuselah, Enoch walked with God (*wa-yithalekh Hanokh et ha-'Elohim*) three hundred years, and had (other) sons and daughters.
> (23) Thus all the days of Enoch were three hundred sixty-five years.
> (24) And Enoch walked with God (*wa-yithalekh Hanokh et ha-'Elohim*), and he was not/no more (*we-'einennu*), for God took him (*ki-laqah oto Elohim*).

This short passage would provoke an avalanche of interpretations. Two questions arise immediately: What does the curious phrase »Enoch walked with

und Christen besonders plastisch beleuchtet: die rätselhafte und dennoch so wirkungsmächtige Gestalt des Patriarchen Henoch, der, wenn man die kärglichen Nachrichten der Hebräischen Bibel über ihn betrachtet, eine erstaunliche Karriere machen sollte – bis hin zu seiner Verwandlung in den höchsten Engel Metatron, den »Kleinen Gott«. Ich greife damit frühere Arbeiten von mir auf, stelle diese aber in einen neuen und umfassenderen Zusammenhang.

Henochs einziger Auftritt in der Hebräischen Bibel beschränkt sich auf die beiden Genealogien der Erzväter in Genesis 4 und 5. In der zweiten (priesterlichen) Genealogie von Genesis 5 ist Henoch der sechste Erzvater nach Adam, von dem es heißt:

(5:21) Als Henoch 65 Jahre gelebt hatte, wurde er der Vater von Metuschelach.
(22) Nach der Geburt Metuschelachs wandelte Henoch mit Gott/ging Henoch seinen Weg mit Gott (*wa-jithalekh Chanokh et ha-'Elohim*) weitere 300 Jahre und zeugte (andere) Söhne und Töchter.
(23) Die gesamte Lebenszeit Henochs betrug somit 365 Jahre.
(24) Henoch wandelte mit Gott/ging seinen Weg mit Gott (*wa-jithalekh Chanokh et ha-'Elohim*) und war nicht mehr da (*we-'einennu*), denn Gott hatte ihn weggenommen (*ki-laqach oto Elohim*).

Dieser kurze Passus sollte eine Lawine von Auslegungen provozieren. Zwei Fragen drängen sich unmittelbar auf: Was bedeutet die seltsame Formu-

God« mean? And what does the enigmatic »then he was no more, because God took him« mean? The first question can be answered relatively easily: Enoch's walking with God is not to be understood literally but metaphorically. Enoch did not »take a walk with God«, rather, he was obedient to God's commandments and was therefore a righteous man (that is, in contrast to the immediately succeeding generation of the flood). Therefore, the translation »he went his way with God« is accurate. Clear evidence for this interpretation is provided in Genesis 6:9 where it is said of Noah, the ninth patriarch: »Noah was a righteous man, blameless in his generation; Noah walked with God.« The answer to the second question arises from the context. While it is said of all other antediluvian patriarchs, after providing their life span, »and he died«, this clear statement is omitted for Enoch and replaced with the phrase »then he was no more, because God took him«. From this it can be concluded that Enoch, at the relatively young age of 365 years (all the other patriarchs lived much longer), did not die but was placed by God in another location (presumably in heaven). It is precisely in this way that the Septuagint, the Greek translation of the Hebrew Bible, understands Genesis 5:24:

lierung, dass Henoch mit Gott wandelte oder seinen Weg mit Gott ging, und was bedeutet das rätselhafte »und er war nicht mehr (da), denn Gott hatte ihn weggenommen«? Die erste Frage lässt sich relativ leicht beantworten: Henochs Wandeln mit Gott ist nicht wörtlich, sondern metaphorisch zu verstehen. Henoch ging nicht etwa mit Gott spazieren, sondern er war gehorsam gegenüber Gottes Geboten und folglich ein Gerechter (nämlich im Unterschied zur unmittelbar darauf folgenden Generation der Sintflut); insofern ist die Übersetzung »er ging seinen Weg mit Gott« zutreffend. Ein klarer Beleg für diese Deutung ist Genesis 6:9, wo über Noah, den neunten Patriarchen, gesagt wird: »Noah war ein gerechter, untadeliger Mann unter seinen Zeitgenossen; er wandelte mit Gott / ging seinen Weg mit Gott«. Die Beantwortung der zweiten Frage ergibt sich aus dem Kontext. Während es nämlich von allen anderen vorsintflutlichen Patriarchen nach der Angabe ihrer absoluten Lebensdauer heißt »und er starb«, ist diese eindeutige Aussage bei Henoch weggelassen und durch die Wendung »und er war nicht mehr (da), denn Gott hatte ihn weggenommen« ersetzt. Daraus kann man schließen, dass Henoch im jugendlichen Alter von 365 Jahren (alle anderen Patriarchen lebten nämlich sehr viel länger) nicht starb, sondern von Gott an einen anderen Ort (vermutlich in den Himmel) versetzt wurde. Genau so versteht auch die Septuaginta, die

And Enoch was well pleasing to God (*kai euērestēsen Enoch tō theō*), and he was not found (*kai ouch ēhyrisketo*), because God transferred/translated him (*hoti metethēken auton ho theos*).

This is everything that we learn about Enoch in the canonical books of the Hebrew Bible. We have, however, a wide stream of traditions about him in the non-canonical books, that is, in the Apocrypha and Pseudepigrapha.

The non-canonical Enoch

First of all, there are the Books of Enoch – the First (Ethiopian) and the Second (Slavic) Book of Enoch – which fill the empty space left in the Hebrew Bible. The so-called Book of the Watchers of the Ethiopian Book of Enoch – one of its oldest parts, from the late third or early second century B.C.E. – describes Enoch's rapture into heaven and his function as a mediator between God and the fallen angels of Genesis 6.[8] That is, precisely that gap in the Hebrew Bible is here filled between the list of antediluvian patriarchs (Genesis 5) and the story of the fallen angels (the »sons of God« of Genesis 6, who »came in to the daughters of man« and thus provoked the flood).

griechische Übersetzung der Hebräischen Bibel, Genesis 5:24:

Henoch war Gott wohlgefällig (*kai euērestēsen Enoch tō theō*), und er wurde nicht (mehr) gefunden (*kai ouch ēhyrisketo*), denn Gott versetzte/überführte/entrückte ihn (*hoti metethēken auton ho theos*) (an einen anderen Ort).

Dies ist alles, was wir in den kanonischen Büchern der Hebräischen Bibel über Henoch erfahren, aber wir haben einen breiten Strom von Traditionen über ihn in den nichtkanonischen Büchern, also den Apokryphen und Pseudepigraphen.

Der nichtkanonische Henoch

Da sind zunächst die Henochbücher – das erste (äthiopische) und das zweite (slawische) Henochbuch –, die die in der Hebräischen Bibel gelassene Lücke ausfüllen. Das sogenannte Wächterbuch des äthiopischen Henochbuches – eines seiner ältesten Teile, vom Ende des 3. oder Anfang des 2. Jahrhunderts v. Chr. – schildert Henochs Entrückung in den Himmel und seine Funktion als Mittler zwischen Gott und den gefallenen Engeln von Genesis 6,[8] das heißt, hier wird genau die Lücke zwischen der Liste der vorsintflutlichen Patriarchen (Genesis 5) und der Erzählung vom Fall der Engel (der »Gottessöhne« von Genesis 6, die sich mit den Menschentöchtern

Some scholars even hold that originally Biblical material, which was extracted from the Book of Genesis, has been preserved in this apocryphal Book of the Watchers.[9] The righteous Enoch, who was taken to heaven, plays a part in the fate of the corrupt angels who descended to earth (they are eternally damned). Noah, the only other patriarch who is expressly designated as just, will save the equally corrupted humankind from the all-destroying flood. The so called Similitudes of the Ethiopian Book of Enoch,[10] which are dated by most scholars around the turn of the first century B.C.E. to the first century C.E., go one big step further. There Enoch has a vision and sees God along with the Son of Man of the Book of Daniel (ch. 7);[11] he is transformed into an angel[12] and eventually learns:[13]

(71:14) You are that son of man who was born for righteousness,
and righteousness dwells on you,
and the righteousness of the Head of Days will not forsake you. …
(15) He proclaims peace to you in the name of the age that is to be,
for from there peace has proceeded from the creation of the age,

eingelassen hatten und damit die Sintflut provozierten) ausgefüllt; manche Forscher meinen sogar, dass ursprünglich biblisches Material, das aus dem Buch Genesis ausgeschieden wurde, sich in diesem apokryphen Wächterbuch des äthiopischen Henoch erhalten hat:[9] Der gerechte, in den Himmel aufgenommene Henoch greift in das Schicksal der auf die Erde hinabgestiegenen und korrumpierten Engel ein (sie sind auf ewig verdammt); Noah, der einzige andere Erzvater, der ausdrücklich als gerecht bezeichnet wird, wird das nicht minder korrumpierte Menschengeschlecht vor der alles zerstörenden Sintflut retten. Die sogenannten Bilderreden des äthiopischen Henochbuches,[10] die von den meisten Forschern auf die Wende vom 1. vorchristlichen zum 1. nachchristlichen Jahrhundert datiert werden, gehen noch einen großen Schritt weiter. Dort hat Henoch eine Vision und sieht Gott zusammen mit dem aus dem Danielbuch (Kap. 7) bekannten Menschensohn,[11] wird in einen Engel verwandelt[12] und erfährt schließlich:[13]

(1 Henoch 71:14) Du bist der Menschensohn, der zur Gerechtigkeit geboren ist;
Gerechtigkeit wohnt über dir,
und die Gerechtigkeit des betagten Hauptes verlässt dich nicht. …
(15) Er ruft dir Frieden zu im Namen der zukünftigen Welt;
denn von dort geht hervor der Friede seit der Erschaffung der Welt,

and thus you will have it forever and forever and ever.
(16) And all will walk on your path since righteousness will never forsake you;
with you will be their dwelling and with you, their lot,
and from you they will not be separated forever and forever and ever.
(17) And thus there will be length of days with that son of man,
and there will be peace for the righteous, and the path of truth for the righteous,
in the name of the Lord of Spirits forever and ever.

This text leaves no doubt that the Son of Man Enoch is the Messiah; with his just rule eternal peace will come for the people of Israel. This Son of Man-Messiah is a man who ascended into heaven and who will be transformed into an angel to fulfill his messianic mission. From here, there is a direct line that goes to the New Testament, where Jesus answers the question of the High Priest, whether he was the Messiah, in the affirmative,[14] and adds, »and you will see the Son of Man seated at the right hand of power (*tēs dynameōs*), and coming with the clouds of heaven«.[15] This Son of Man-Messiah is a God who has descended from heaven, who was transformed into a man in order to fulfill his messianic mission, and who then subsequently returns to heaven.

und also wird dir geschehen in Ewigkeit und von Ewigkeit zu Ewigkeit.
(16) Alle, die auf deinem Wege wandeln werden
– du, den die Gerechtigkeit nicht mehr verlässt –,
deren Wohnungen und Erbteil wird bei dir sein,
und sie werden sich bis in alle Ewigkeit nicht von dir trennen.
(17) Und so wird langes Leben bei jenem Menschensohn sein,
und die Gerechten werden Frieden haben
und den geraden Weg wandeln
im Namen des Herrn der Geister von Ewigkeit zu Ewigkeit.

Dieser Text lässt keinen Zweifel daran, dass der Menschensohn Henoch der Messias ist, mit dessen gerechter Herrschaft der ewige Frieden für das Volk Israel anbrechen wird. Dieser Menschensohn-Messias ist ein in den Himmel aufgestiegener Mensch, der in einen Engel verwandelt wird, um seine messianische Aufgabe zu erfüllen. Von hier führt eine direkte Linie in das Neue Testament, wo Jesus die Frage des Hohenpriesters, ob er der Messias sei, bejaht[14] und hinzufügt: »Und ihr werdet den Menschensohn sitzen sehen zur Rechten der Kraft (*tēs dynameōs*) und kommen mit den Wolken des Himmels«.[15] Dieser Menschensohn-Messias ist ein vom Himmel herabgestiegener Gott, der in einen Menschen verwandelt wurde, um seine messianische Aufgabe zu erfüllen, und der anschließend wieder in den Himmel zurückkehrt.

The other non-canonical books of the Hebrew Bible do not go as far as the Ethiopian Enoch. They confirm that Enoch was taken to heaven but leave open for what purpose, and leave open what happened with him later. So the Hebrew original (beginning of the second century B.C.E.) of the Book of Jesus Sirach, which was later translated into Greek, says of Enoch:[16]

Few have ever been created on the earth like Enoch,
for he was taken up from the earth.

That Enoch was taken up from the earth (obviously alive), without any further explanation, is the translation of the New Revised Standard Version.[17] The Hebrew text, however, is more complicated and at the same time more precise. It defines the »taken up« (*nilqah* in Hebrew) with an additional word that can be vocalized differently, namely as *nilqah panim* or as *nilqah penim*. In the first case (*nilqah panim*), one would have to translate »he was taken up to the countenance«, of course, to the countenance of God, that is, he was taken up to heaven to see God face to face (*panim el panim*). The second case (*nilqah penim*) would be translated »he was taken up inside«, that is, presumably, he was raptured to the inner part of heaven, or more precisely to the inner sanctuary of heaven. Whatever the correct reading and translation may be, the Hebrew Jesus Sirach (Ecclesiasticus) wants to make it absolutely clear that Enoch was

Die anderen nichtkanonischen Bücher der Hebräischen Bibel gehen nicht so weit wie der äthiopische Henoch; sie bestätigen, dass Henoch in den Himmel entrückt wurde, lassen aber offen, zu welchem Zweck und was weiter mit ihm geschah. So sagt das hebräische Original (Anfang des 2. Jahrhunderts v. Chr.) des später ins Griechische übersetzten Buches Jesus Sirach von Henoch:[16]

Kaum einer auf Erden kommt Henoch gleich,
denn auch er wurde lebend entrückt.

Dass Henoch lebend entrückt wurde, ist die Übersetzung der Einheitsübersetzung. Der hebräische Text ist aber komplizierter und gleichzeitig auch genauer. Im Hebräischen steht dort etwas, das unterschiedlich vokalisiert werden kann, nämlich entweder als *nilqach panim* oder als *nilqach penim*. Im ersten Falle (*nilqach panim*) müsste man übersetzen »er wurde hinweggenommen zum Angesicht«, ohne Zweifel zum Angesicht Gottes, das heißt, er wurde in den Himmel aufgenommen, um Gott von Angesicht zu Angesicht (*panim el panim*) zu sehen. Im zweiten Falle (*nilqach penim*) wäre zu übersetzen »er wurde nach innen / ins Innere genommen«, das heißt wohl, er wurde in den inneren Teil des Himmels oder sogar genauer in das innere Heiligtum im Himmel entrückt. Was auch immer die richtige Lesung und Übersetzung ist, der Hebräische Jesus Sirach möchte unmissverständlich klarstellen, dass

taken from the earth to be in heaven with God, perhaps even to see him there face to face forever. Enoch is thus the paradigm of the just man whom God wants to have in his immediate presence in heaven. Note well that here we are speaking of a human being, since his transformation into an angel is not (yet) addressed. The equally non-canonical Wisdom of Solomon (first century B.C.E.), also understands the fate of Enoch in this sense:[18]

(4:10) One [Enoch] who became well-pleasing to God (*euarestos theō*) was beloved (*ēgapēthē*)
and, while living among sinners, was taken away/up (*metetethē*).
(11) He was seized/caught up (*hērpagē*) so that evil might not affect his understanding or guile deceive his soul. …
(14) For his soul was well-pleasing (*arestē*) to the Lord,
therefore he took him quickly/hastened (him) (*espeusen*) from the midst of wickedness.

Here, too, we find the unmistakable message that the God pleasing, righteous man, who is beloved of God, belongs to God. He cannot and must not remain on earth lest he be infected by the wickedness of the wicked (an allusion to the fallen angels and the generation of the flood soon after Enoch's rapture).

It is no coincidence that this tradition of interpretation was also taken up and continued by the

Henoch von der Erde weggenommen wurde, um im Himmel bei Gott zu sein, ja vielleicht sogar, um ihn dort ständig von Angesicht zu Angesicht zu sehen. Henoch ist also das Paradigma des gerechten Menschen, den Gott in seiner unmittelbaren Nähe im Himmel haben will – wohlgemerkt ein Mensch, denn von einer Verwandlung in einen Engel ist hier (noch) nicht die Rede. In diesem Sinne versteht auch die ebenfalls nichtkanonische Schrift Weisheit Salomos (1. Jahrhundert v. Chr.) das Schicksal Henochs:[17]

(Sap. 4:10) Er [Henoch] war Gott wohlgefällig (*euarestos theō*) und wurde von ihm geliebt (*ēgapēthē*);
da er mitten unter den Sündern lebte, wurde er weggenommen/entrückt (*metetethē*).
(11) Er wurde weggenommen/entrissen (*hērpagē*), damit nicht Schlechtigkeit seine Einsicht verkehrte und Arglist seine Seele täusche. …
(14) Da seine Seele dem Herrn wohlgefiel (*arestē*),
enteilte sie (*espeusen*) aus der Mitte des Bösen.

Auch hier ist die unmissverständliche Botschaft, dass der Gott wohlgefällige und von ihm geliebte Gerechte zu Gott gehört; er kann und darf nicht auf der Erde bleiben, auf dass er nicht von der Schlechtigkeit der Frevler angesteckt werde (eine Anspielung auf die gefallenen Engel und das Geschlecht der Sintflut bald nach Henochs Entrückung).

Es ist kaum zufällig, dass diese Auslegungstradition auch von dem griechisch-jüdischen Philo-

Greek-Jewish philosopher Philo, who lived in the first century C.E. in Alexandria. Philo leans entirely on the Septuagint, which, as we have seen, has no doubt about Enoch's rapture into heaven.

The rabbinic Enoch

In light of this unanimous Jewish strand of tradition, it is all the more surprising to encounter the only detailed midrash of rabbinic Judaism that deals with Enoch's fate. It is found in the midrash collection Genesis Rabbah and can be, with reference to the names of the rabbis, dated to the late third or early fourth century C.E.:[19]

»And Enoch walked with God (*wa-yithalekh Hanokh et ha-'Elohim*), etc. [and he was not/no more (*we-'einennu*), for God took him (*ki-laqah oto Elohim*)]« (Gen. 5:24).

> (a) R. Hama b. R. Hoshaya said: »(›and he was not‹ means) that he was not inscribed in the scroll (*tomos*) of the righteous but in the scroll of the wicked.«
>
> R. Aibo (said): »Enoch was a hypocrite, sometimes righteous, sometimes wicked. (Therefore) the Holy One, blessed be He, said: While he is righteous I will take him away.« …
> (b) The heretics (*minim*) asked R. Abbahu and said to him: »We do not find death stated for Enoch!« He said

sophen Philo aufgenommen und weitergeführt wurde, der im 1. Jahrhundert n. Chr. in Alexandria wirkte. Philo lehnt sich ganz an die Septuaginta an, die, wie wir gesehen haben, keinen Zweifel an Henochs Entrückung in den Himmel lässt.

Der Henoch der Rabbinen

Umso überraschender im Lichte dieser einhelligen jüdischen Auslegungstradition ist dann aber der einzige ausführliche Midrasch des rabbinischen Judentums, der sich mit Henochs Schicksal befasst. Er findet sich in der Midraschsammlung Genesis Rabbah und kann anhand der Rabbinennamen in das späte 3. / frühe 4. Jahrhundert n. Chr. datiert werden:[18]

»Und Henoch wandelte mit Gott (*wa-jithalekh Chanokh et ha-'Elohim*), usw. [und er war nicht mehr da (*we-'einennu*), denn Gott hatte ihn weggenommen (*ki-laqach oto Elohim*)]« (Gen. 5:24).

(a) R. Chama b. R. Hoschajah sagte: »(›und er war nicht mehr da‹ bedeutet,) dass er nicht in die Buchrolle (*tomos*) der Gerechten, sondern in die Buchrolle der Frevler eingeschrieben war.«
R. Aibo sagte: »Henoch war ein Heuchler, manchmal gerecht und manchmal ein Frevler. (Daher) sagte der Heilige, er sei gepriesen: Solange er gerecht ist, will ich ihn wegnehmen.« …
(b) Die Häretiker (*minim*) fragten R. Abbahu und sagten zu ihm: »Wir finden nicht, dass Henoch gestorben ist!«

to them: »Why (do you say this)?« They said to him: »It is said here (with regard to Enoch) that he was ›taken‹, and it is said in connection with Elijah that he was ›taken‹.« He said to them: »If you are seeking/interpreting (instances of) ›taking‹, it is said here (with regard to Enoch) that he was ›taken‹, and it is said in connection with Ezekiel: ›Behold, I take away (*loqeah*) the desire [of your eyes]‹, etc. (Ezek. 24:16).« …

(c) A matron (*matronah*) asked R. Yose: »We do not find death stated of Enoch!« He said to her: »If it said: ›And Enoch walked with God‹ (Gen. 5:24), and was silent (afterwards), I would agree with you. (But) when it says: ›and he was not, for [God] took him‹, etc. (ibid.), (it means) that he was no more in the world, ›for God took him‹« (ibid.).

Here the situation is completely clear. Enoch is first coolly declared to be a sinner (R. Hama b. R. Hoshaya) or a hypocrite who, depending on the situation, takes after a just man or a sinner (R. Aibo). Then a discussion follows between the heretics and the rabbis, on the one hand, and a Roman matron and the rabbis, on the other. The heretics and the matron find no biblical evidence that Enoch died and thereby conclude (quite rightly so) on his rapture. The heretics refer very skillfully to the parallel case of the prophet Elijah, whose rapture into heaven is indisputable. As the same verb is used for his removal as for Enoch's removal (*laqah*), we must conclude, consequently, that the removal of Enoch

> Er sagte zu ihnen: »Wieso?« Sie antworteten ihm: »Es heißt hier (mit Bezug auf Henoch), dass er weggenommen wurde, und es heißt mit Bezug auf Elia, dass er weggenommen wurde.« Er antwortete ihnen: Wenn ihr auf (Belege von) Wegnehmen erpicht seid, so heißt es hier (mit Bezug auf Henoch), dass er weggenommen wurde, und es heißt mit Bezug auf Ezechiel: ›Siehe, ich nehme weg das Verlangen (deiner Augen durch einen jähen Tod)‹ (Ez. 24:16).« …
>
> (c) Eine Matrone fragte R. Jose: »Wir finden nicht, dass Henoch gestorben ist!« Er sagte zu ihr: »Wenn (die Schrift) sich damit begnügen würde zu sagen: ›Und Henoch wandelte mit Gott‹ (Gen. 5:24), würde ich dir recht geben. Da sie aber fortfährt: ›und er war nicht mehr da, denn (Gott) hatte ihn weggenommen‹, usw. (ibid.), (ergibt sich,) er war nicht mehr in der Welt, ›weil Gott ihn weggenommen hatte‹ (ibid.).«

Hier ist die Lage völlig eindeutig. Henoch wird zunächst kühl zum Frevler deklariert (R. Chama b. R. Hoschajah) bzw. zu einem Heuchler, der sich je nach Gelegenheit als Gerechter oder als Frevler gerierte (R. Aibo). Dann folgt eine Diskussion der Häretiker und einer römischen Matrone mit den Rabbinen. Die Häretiker und die Matrone finden keinen biblischen Beleg dafür, dass Henoch wirklich gestorben ist, und schließen daraus (ganz zu Recht) auf seine Entrückung. Die Häretiker verweisen sehr geschickt auf den Parallelfall des Propheten Elia, dessen Entrückung in den Himmel unbestritten ist: Da für seine Wegnahme dasselbe Verb verwendet wird wie für die Wegnahme Henochs (*laqach*), müssen wir

means his rapture into heaven. The rabbi's response to the heretics clarifies that this same verb can also refer to an earthly death – for example with the death of the wife of the Prophet Ezekiel. The rabbi's response to the matron argues, by contrast, with the full biblical context, literally understood: In the Bible it not only says »And Enoch walked with God« (which one could indeed understand, as the matron does, that he was with God), but it follows immediately »and he was not«. If the emphasis is placed here, this can only mean that he was dead, because one cannot say that he is bodily with God when he no longer exists. The conclusion of the midrash: According to the view of the rabbis, Enoch was far from being just, and he was not taken to heaven but rather died an entirely ordinary death.

With this harsh conclusion, the rabbis set themselves against the entire former Jewish tradition of interpretation. Why? And who are the heretics and the matron who insist on the rapture of Enoch into heaven and thus – I stress again – actually only lay claim upon the canonical and non-canonical Jewish tradition? Their designation as heretics and as a matron does not help us much, since both of these terms are umbrella terms which are used for all kinds of possible opponents of the rabbis. They can desig-

konsequenterweise schließen, dass auch die Wegnahme Henochs dessen Entrückung in den Himmel bedeutet. Die Antwort an die Häretiker stellt klar, dass eben dieses Verb auch für einen irdischen Tod stehen kann – so nämlich beim Tod der Frau des Propheten Ezechiel. Die Antwort an die Matrone argumentiert dagegen mit dem vollen, wörtlich verstandenen biblischen Kontext: In der Bibel steht nicht nur »Und Henoch wandelte mit Gott« (was man in der Tat, wie die Matrone, so verstehen könnte, dass er bei Gott war), sondern es folgt unmittelbar darauf »und er war nicht mehr da«. Legt man den Ton darauf, kann dies nur bedeuten, dass er tot war, denn von jemandem, der nicht mehr existiert, kann man nicht sagen, dass er leiblich bei Gott ist. Fazit des Midraschs: Henoch war nach Ansicht der Rabbinen alles andere als gerecht und wurde auch nicht in den Himmel entrückt, sondern starb einen ganz gewöhnlichen Tod.

Mit diesem harschen Ergebnis stellen sich die Rabbinen gegen die gesamte frühere jüdische Auslegungstradition. Warum? Und wer sind die Häretiker bzw. die Matrone, die auf der Entrückung Henochs in den Himmel insistieren und damit – ich betone es noch einmal – eigentlich nur die kanonische wie nichtkanonische jüdische Tradition für sich reklamieren? Die Bezeichnung als Häretiker und Matrone hilft uns nicht viel weiter, denn beide sind Sammelbegriffe für alle möglichen Opponenten der

nate deviant circles both inside and outside of rabbinical Judaism. This means that we may not necessarily be dealing here with groups whose detachment from Judaism was a universally recognized fact. And this holds (especially) true for the Christianity that was establishing itself ever more vigorously at the time of our midrash (around 300 C.E.).

The Christian Enoch

We shall, therefore, now take a look at the Christian Enoch tradition. The most important reference to Enoch in the New Testament is found in the Epistle to the Hebrews:[20]

> By faith Enoch was translated (*metetethē*) so that he did not experience death; and »he was not found (*hēurisketo*), because God had translated (*metethēken*) him«.
> For before his translation (*pro gar tēs metatheseōs*) he has been attested (*memartyrētai*) that »he had pleased God (*euērestēkenai tō theō*)«.

The Epistle to the Hebrews follows quite obviously the classic tradition of the rapture of Enoch into heaven (it refers literally to the Septuagint).[21] It provides this tradition, however, with a completely new context. Enoch appears here, after Abel, as the sec-

Rabbinen, die von der rabbinischen Norm abweichende Kreise sowohl innerhalb wie außerhalb des rabbinischen Judentums bezeichnen können, das heißt, wir haben es noch nicht zwangsläufig mit Gruppierungen zu tun, deren Ablösung vom Judentum ein allseits anerkanntes Faktum war. Und dies gilt (gerade) auch für das sich in der Zeit unseres Midraschs (um 300 n. Chr.) immer stärker etablierende Christentum.

Der christliche Henoch

Werfen wir daher nun einen Blick auf die christliche Henoch-Tradition. Der wichtigste Hinweis auf Henoch im Neuen Testament findet sich im Hebräerbrief:[19]

> Aufgrund des Glaubens wurde Henoch entrückt (*metetethē*) und musste nicht sterben; »er wurde nicht mehr gefunden, weil Gott ihn entrückt hatte«.
> Denn vor seiner Entrückung (*pro gar tēs metatheseōs*) erhielt er das Zeugnis (*memartyrētai*), dass er »Gott wohlgefiel«.

Der Hebräerbrief folgt ganz offenkundig der klassischen Überlieferung von der Entrückung Henochs in den Himmel (er bezieht sich wörtlich auf die Septuaginta),[20] stellt diese aber in einen völlig neuen Zusammenhang. Henoch erscheint hier nämlich,

ond in a long line of Old Testament figures who distinguished themselves by their faith and therefore belonged to the people of God. After Enoch comes Noah, then Abraham, Isaac, Jacob, Joseph, Moses, the people of Israel and many other biblical heroes who stood out because of their faith. Yet this faith was insufficient in that »all these, though they were commended for their faith, did not receive what was promised«.[22] First Jesus, the »pioneer and perfecter of our faith«,[23] had to come and the promise had to be sealed by his death. For Enoch this means that he indeed did not die, but was taken to heaven. But this rapture was, effectively, only preliminary and could finally be completed only by the crucifixion of Jesus. The Old Testament rapture of Enoch gains, thereby, an entirely new dimension and becomes dependent on the death and resurrection of Jesus.

This Christian interpretation of the Jewish tradition of Enoch's rapture is continued consistently by the early Christian theologians and church fathers. I will refer here to the most important Christian testimonies before the Council of Nicaea (325 C.E.), which is precisely the timeframe in which the midrash from Rabbah Genesis belongs. The overwhelming impression, which comes from a review of the sources, is that the Christian authors follow

nach Abel, als der zweite in einer langen Reihe von alttestamentlichen Gestalten, die sich durch ihren Glauben auszeichneten und deswegen zum Volk Gottes gehörten. Auf Henoch folgen Noah, Abraham, Isaak, Jakob, Joseph, Mose, das Volk Israel und viele weitere biblische Heroen, die durch ihren Glauben herausragten. Und doch war dieser Glaube ungenügend, denn »sie alle, die aufgrund des Glaubens (von Gott) besonders anerkannt wurden, haben das Verheißene nicht erlangt«,[21] weil erst Jesus, der »Urheber und Vollender des Glaubens«[22] kommen und durch seinen Tod die Verheißung besiegeln musste. Für Henoch bedeutet dies, dass er zwar tatsächlich nicht starb, sondern in den Himmel entrückt wurde, dass diese Entrückung aber gewissermaßen nur vorläufig war und erst durch den Kreuzestod Jesu endgültig vollzogen werden konnte. Damit gewinnt die alttestamentliche Entrückung Henochs eine ganz neue Dimension und wird abhängig vom Tod und der Auferstehung Jesu.

Diese christliche Deutung der jüdischen Tradition von der Entrückung Henochs wird konsequent von den frühen christlichen Theologen und Kirchenvätern weitergeführt. Ich beziehe mich auf die wichtigsten christlichen Zeugnisse vor dem Konzil von Nicäa (325 n. Chr.), das heißt auf genau die Zeit, in die der Midrasch aus Genesis Rabbah gehört. Der überwältigende Eindruck, der sich aus einer Sichtung der Quellen ergibt, ist der, dass die

the Septuagint and the New Testament: Because Enoch was well-pleasing to God, he was taken up to a different place, that is, there can be no doubt that he did *not* die a natural death. Clement of Rome in his letter to the Corinthians (end of the first century C.E.) already remarks:[24]

Let us take, for instance, Enoch, who, being found righteous (*dikaios*) in obedience, was translated (*metetethē*), and death was never found to happen to him (*kai ouch heurethē autou thanatos*).

In the second half of the second century C.E. Justin Martyr[25] and Irenaeus argue the point similarly, and (ca. 200) Clement of Alexandria, who cites Clement of Rome almost literally, follows suit.[26] Irenaeus was also familiar with the pseudepigraphic Enoch tradition.[27] Tertullian (ca. 200) is the first church father who gives his reception of the Jewish Enoch tradition a decidedly Christian coloring. According to him, Enoch »was translated from this world (*de hoc mundo transtulit*)« and he »has not yet tasted death (*necdum mortem gustavit*)«, although he was uncircumcised and did not yet keep the Sabbath (as is well-known, circumcision and Sabbath were first introduced later in Judaism). He thus becomes a role model for Christians because he shows that we Christians, too, »may, without the burden of

christlichen Autoren der Septuaginta und dem Neuen Testament folgen: Weil Henoch Gott wohlgefällig war, wurde er an einen anderen Ort entrückt, das heißt, es kann kein Zweifel daran bestehen, dass er *nicht* eines natürlichen Todes starb. So formuliert schon Clemens von Rom in seinem Brief an die Korinther (Ende des 1. Jahrhunderts n. Chr.):[23]

Nehmen wir zum Beispiel Henoch, der, im Gehorsam gerecht (*dikaios*) befunden, entrückt wurde (*metetethē*), und der Tod wurde ihm nicht zuteil (*kai ouch heurethē autou thanatos*).

Ähnlich argumentieren in der 2. Hälfte des 2. Jahrhunderts n. Chr. Justin der Märtyrer[24] und Irenaeus sowie (um 200) Clemens von Alexandria, der Clemens von Rom fast wörtlich zitiert;[25] Irenaeus kennt auch die pseudepigraphische Henoch-Tradition.[26] Tertullian (um 200) ist der erste Kirchenvater, der seiner Rezeption der jüdischen Henoch-Überlieferung eine entschieden christliche Färbung gibt. Nach ihm wurde Henoch »von dieser Welt entrückt (*de hoc mundo transtulit*)« und »hat den Tod noch nicht geschmeckt (*necdum mortem gustavit*)«, obwohl er unbeschnitten war und den Sabbat noch nicht hielt (Beschneidung und Sabbatgebot wurden bekanntlich erst später im Judentum eingeführt). Damit wird er zum Vorbild der Christen, denn er zeigt, dass auch wir Christen »ohne die Last des

the laws of Moses, please God (*deo posse placere*)«.[28] Drawing upon the Epistle to the Hebrews, Tertullian then goes a step further and emphasizes that although Enoch and Elijah did not suffer death, this is only a preliminary stage. True immortality depends upon resurrection,[29] and there can only be resurrection after Jesus's resurrection. It follows that even Enoch and Elijah must die before they can rise again:[30]

Enoch was no doubt translated (*translatus est*), and so was Elijah; yet they did not experience death, that is, it was postponed (*dilata scilicet*): they are reserved for the suffering of death (*morituri reservantur*), that by their blood they may extinguish the Antichrist.

Hence, Enoch and Elijah are in a kind of intermediate stage (still alive, but not yet resurrected) and can therefore join in the final battle against the Antichrist. They will have their death in this battle, but this death will also destroy the Antichrist and bring about the final redemption of God's people. The rapture of Enoch and Elijah thus gains a whole new meaning: their death is postponed in order that they can intervene as decisive agents in the Christian event of salvation. Almost all other Christian authors up to the Council of Nicaea follow this Christian interpretation of the tradition of Enoch's (and Elijah's) rapture.

Mosaischen Gesetzes Gott wohlgefällig sein können (*deo posse placere*)«.[27] Im Anschluss an den Hebräerbrief geht Tertullian dann aber noch einen Schritt weiter und betont: Die Tatsache, dass Henoch und auch Elia den Tod nicht erlitten, ist nur ein vorläufiges Stadium, denn wirkliche Unsterblichkeit ist von Auferstehung abhängig,[28] und Auferstehung kann es nur nach Jesu Auferstehung geben. Daraus folgt, dass auch Henoch und Elia sterben müssen, bevor sie wieder auferstehen können:[29]

> Kein Zweifel, Henoch wurde entrückt (*translatus est*), und so auch Elia. Beide wurden vom Tod verschont, das heißt, er [der Tod] wurde aufgeschoben (*dilata scilicet*): Sie wurden für das Erleiden des Todes aufgespart (*morituri reservantur*), auf dass sie mit ihrem Blut den Antichristen auslöschen.

Henoch und Elia befinden sich also in einer Art Zwischenstadium (noch lebendig, aber eben noch nicht auferstanden) und können deswegen in den Endkampf gegen den Antichristen eingreifen. Sie werden dabei ihren Tod finden, aber dieser Tod wird auch den Antichristen vernichten und die endgültige Erlösung des Gottesvolkes herbeiführen. Damit gewinnt die Entrückung Henochs und Elias einen ganz neuen Sinn: Ihr Tod wird aufgeschoben, damit sie als entscheidende Akteure in das christliche Heilsgeschehen eingreifen können. Fast alle weiteren christlichen Autoren bis zum Konzil von Nicäa

On the background of this Christian interpretation of the Enoch myth, one may well suspect that the wrath of the rabbis of Genesis Rabbah is directed against Christian, or more cautiously formulated, Christianizing circles. The rabbis knew, of course, the unanimous Jewish tradition of the rapture of Enoch, but they could not accept that this (their) tradition was being put to the service of a message which made immortality and eternal life – not only of the deceased, but also of those who by God's grace were spared natural death – dependent upon the death and resurrection of Jesus. This message must have appeared to them as so intolerable that they were even willing to give up their own Jewish tradition of the rapture of Enoch and to degrade Enoch categorically to a mortal man. We do not know whether, and if so, to what extent, the rabbis knew the relevant Christian authors, but in terms of time (before 325 C.E.) absolutely nothing speaks against such an exchange (at least the church father Origen is known to have had contact with rabbis in Caesarea). Besides this, it hardly comes as a coincidence that R. Abbahu, one of the two rabbis mentioned in Genesis Rabbah, emerged as a debater with Christian colored heretics.[31] I deliberately say »with Christian colored heretics« to emphasize once again that this process of separation which is taking place is

folgen dieser christlichen Deutung der Tradition von Henochs (und Elias) Entrückung.

Auf dem Hintergrund dieser christlichen Interpretation des Henoch-Mythos legt sich der Verdacht nahe, dass der Zorn der Rabbinen von Genesis Rabbah sich gegen christliche oder vorsichtiger formuliert christianisierende Kreise richtet. Die Rabbinen kannten natürlich die einhellige jüdische Tradition von der Entrückung Henochs, aber sie konnten nicht akzeptieren, dass diese (ihre) Tradition in den Dienst einer Botschaft gestellt wurde, die Unsterblichkeit und ewiges Leben – nicht nur der Verstorbenen, sondern auch derer, denen durch Gottes Gnade der natürliche Tod erspart blieb – vom Tod und der Auferstehung Jesu abhängig macht. Diese Botschaft musste ihnen so unerträglich erscheinen, dass sie sogar bereit waren, ihre eigene jüdische Tradition von der Entrückung Henochs aufzugeben und Henoch kategorisch zum sterblichen Menschen zu degradieren. Wir wissen nicht, ob, und wenn ja, in welchem Umfang, die Rabbinen die einschlägigen christlichen Autoren gekannt haben, aber zeitlich (vor 325 n. Chr.) spricht absolut nichts gegen einen solchen Austausch (zumindest der Kirchenvater Origenes ist bekannt dafür, dass er in Caesarea Kontakt mit Rabbinen hatte). Außerdem wird es kaum Zufall sein, dass R. Abbahu, einer der beiden in Genesis Rabbah genannten Rabbinen, als Diskutant gerade auch mit christlich eingefärbten Häre-

in no way a development between two already-established religions (Judaism and Christianity), but in the gray area of (still) Jewish circles, which were not ready to go as far as the church fathers but were indeed prepared to give Enoch a prominent position in their Judaism.

As advocates of the rabbinic form of Judaism, the authors of Genesis Rabbah prevailed almost entirely: Enoch largely disappears from the rabbinic literature which they controlled.[32] And yet this is not the end of the story. Enoch was to return – not to say to be resurrected – to Judaism again with success, and specifically in the form of the highest angel Metatron. The final part of my lecture is dedicated to this quite unexpected return.

Enoch's return in the Babylonian Talmud and in the Hekhalot literature

In the Babylonian Talmud the following discussion is provided between a Babylonian rabbi (Rav Idith) and a heretic:[33]

tikern hervorgetreten ist.[30] Ich sage bewusst »mit christlich eingefärbten Häretikern«, um noch einmal ganz deutlich zu machen, dass dieser sich hier vollziehende Ablösungsprozess keineswegs zwischen zwei bereits fest etablierten Religionen (Judentum und Christentum) stattfindet, sondern in der Grauzone von (noch) jüdischen Kreisen, die zwar nicht so weit gehen wollten wie die Kirchenväter, die aber doch bereit waren, Henoch auch in ihrem Judentum eine herausragende Stellung zuzugestehen.

Als Advokaten der rabbinischen Form des Judentums haben die Autoren von Genesis Rabbah sich fast vollständig durchgesetzt: Henoch verschwindet weitgehend aus der von ihnen kontrollierten rabbinischen Literatur.[31] Und doch ist dies nicht das Ende der Geschichte. Henoch sollte mit Erfolg wieder ins Judentum zurückkehren – um nicht zu sagen, wieder auferstehen –, und zwar in Gestalt des höchsten Engels Metatron. Dieser ganz unerwarteten Rückkehr ist der abschließende Teil meines Vortrags gewidmet.

Henochs Rückkehr im babylonischen Talmud und in der Hekhalot-Literatur

Im babylonischen Talmud wird folgende Diskussion zwischen einem babylonischen Rabbi (Rav Idith) und einem Häretiker überliefert:[32]

A certain heretic (*mina*) said to Rav Idith: »It is written: ›And to Moses he [God] said: Come up to the Lord (*YHWH*)‹ (Ex. 24:1). But surely it should have said: ›Come up to me!‹«
He [Rav Idith] said to him [the heretic]: »This was Metatron, whose name is like the name of his master, as it is written: ›for my name is in him‹ (Ex. 23:21).«
»But if so«, [the heretic retorted,] »we should worship him!«
»It is written [in the same passage, however, replied R. Idith]: ›Do not rebel against him (*al-tamer bo*)‹ (Ex. 23:21), [that is], do not confuse me with him!«[34]

»But if so [replied the heretic], why does it say: ›He will not pardon your transgression‹ (ibid.)?«

He [Rav Idith] answered [the heretic]: »We maintain by oath[35] that we would not receive him [Metatron] even as a guide/messenger (*parwanqa*)[36], for it is written: ›And he [Moses] said to him [God]: If *your* [personal] presence[37] will not go, etc. [do not bring us up from here]‹ (Ex. 33:15)!«

The heretics and the rabbi argue about the mysterious angel of the Lord in Exodus 23, with whom, already in the biblical text, the boundaries are blurred between God and his angel (since it is not always clear whether God or his angel is addressed). The discussion begins with the legitimate question of the heretic: why does God say to Moses, »Come up to the Lord« (and here the Tetragrammaton *YHWH* is used for »Lord«) instead of simply »Come

Ein gewisser Häretiker (*mina*) sagte zu Rav Idith: »Es steht geschrieben: ›Und zu Mose sprach er [Gott]: Steig hinauf zum Herrn (*JHWH*)‹ (Ex. 24:1). Es sollte aber doch wohl heißen: ›Steig hinauf zu mir‹?!«
Er [Rav Idith] sagte zu ihm [dem Häretiker]: »Dies ist Metatron, dessen Name wie der Name seines Meisters ist, wie es heißt: ›Denn mein Name ist in ihm‹ (Ex. 23:21).«
»Wenn dies so ist,« [antwortete der Häretiker,] »dann sollten wir ihn (auch) verehren!«
»Es steht (aber in demselben Bibelvers) geschrieben,« [antwortete Rav Idith]: »›Rebelliere nicht gegen ihn (*al tamer bo*)‹ (Ex. 23:21), [und das bedeutet,] verwechsle mich nicht mit ihm!«[33]
»Wenn dies so ist,« [antwortete der Häretiker,] »wieso heißt es dann: ›Denn er wird eure Übertretungen nicht verzeihen‹ (Ex. 23:21)?!«
Er [Rav Idith] antwortete [dem Häretiker]: »Bei Gott, dass wir ihn [Metatron] nicht einmal als Führer/Boten (*parwanqa*)[34] anerkennen, denn es steht geschrieben: ›Da sprach er [Mose] zu ihm [Gott]: Wenn du nicht in Person[35] mitgehst, usw. [dann bring uns nicht von dort herauf]‹ (Ex. 33:15)!«

Der Häretiker und der Rabbi streiten sich über den rätselhaften Engel des Herrn in Exodus 23, bei dem schon im biblischen Text die Grenzen zwischen Gott und seinem Engel verwischt sind (es ist dort nicht immer eindeutig klar, ob von Gott oder von seinem Engel die Rede ist). Die Diskussion beginnt mit der berechtigten Frage des Häretikers, wieso Gott zu Mose sagt »Steig hinauf zum Herrn« (und dafür das Tetragramm *JHWH* verwendet), statt ein-

up to me«? The rabbi replies that with »Lord« (*YHWH*) it is not God who is intended but the angel Metatron, who supposedly bears the same name as God. Thus God would say in reality to Moses: »Come up to my angel Metatron.« Later we shall see how the rabbi gets the idea that Metatron bears the same name as God; here this identification is simply assumed. In any case, the poor Rabbi thereby lands in the devil's kitchen, because the heretic counters immediately: If Metatron bears the name of God and Moses shall go up to him, then it is surely right that we also worship Metatron (obviously the heretic is speaking for circles that do exactly this). The rabbi responds with the feeble argument that the Bible explicitly warns against confusing Metatron with God. After this the heretic strikes back immediately: But then why does the Bible say of the angel that the angel will not forgive our transgressions – that applies surely only to God or to a god-like being, but certainly not to a mere angel! Driven into the corner, the rabbi can only ironically withdraw and claim that the rabbis would not even accept Metatron as a messenger (i.e. as an angel), let alone as a divine being.

It is quite obvious that at this verbal exchange the heretic had the better arguments. Even the Bible is,

facher »Steig hinauf zu mir«. Der Rabbi antwortet darauf, dass mit dem Herrn (*JHWH*) nicht Gott, sondern der Engel Metatron gemeint sei, der angeblich denselben Namen trägt wie Gott, dass also Gott in Wirklichkeit zu Mose sagt: »Steig hinauf zu meinem Engel Metatron«. Wie der Rabbi auf die Idee kommt, dass Metatron denselben Namen trägt wie Gott, werden wir später sehen; hier ist diese Identifikation einfach vorausgesetzt. Auf jeden Fall begibt sich der arme Rabbi damit in des Teufels Küche, denn der Häretiker kontert sofort: Wenn Metatron den Namen Gottes trägt und Mose zu ihm hinaufsteigen soll, dann ist es doch wohl folgerichtig, dass wir Metatron auch verehren (offensichtlich spricht der Häretiker für Kreise, die genau dies tun). Der Rabbi antwortet mit dem lahmen Einwand, dass die Bibel ausdrücklich davor warnt, Metatron mit Gott zu verwechseln, worauf der Häretiker sofort zurückschlägt: Aber warum sagt dann die Bibel von dem Engel, dass er unsere Übertretungen nicht verzeihen wird – das steht doch wohl nur Gott oder einem gottgleichen Wesen zu, aber gewiss nicht einem bloßen Engel! So in die Enge getrieben, kann der Rabbi sich nur noch ironisch darauf zurückziehen, dass die Rabbinen Metatron nicht einmal als Boten (das heißt also als Engel) akzeptieren würden, geschweige denn als göttliches Wesen.

Es ist ganz offenkundig, dass bei diesem Schlagabtausch der Häretiker die besseren Argumente hat.

as mentioned above, ambiguous, and the rabbi comes out of the affair rather poorly. The redactor of the Babylonian Talmud, who composed the story as it is, is, of course, on the side of the rabbi, that is, he rejects the daring insinuations of the heretic. But this only proves that there were circles, opposed by the redactor or the redactors of the Babylonian Talmud, which not only saw Metatron as a particularly high angel of heaven. It suggests that they revered Metatron as a second divine figure whom God distinguished with the Tetragrammaton *YHWH*, a name that was otherwise reserved only for God himself. And this time we can also say with certainty that we are not dealing here with Christians, but clearly with Jews, Jewish brothers, whom Rav Idith so unsuccessfully opposes in the Talmud. We know this so well because there is still another Book of Enoch, the so-called Third or Hebrew Book of Enoch, which is, in its final editing, much later than the first two books of Enoch (sometime between 600 and 900 C.E.). Here as well, Enoch does not die but ascends into heaven and is transformed into an angel – not into the Son of Man as in the Second Book of Enoch, but into the angel Metatron. This transformation process is described here in much more detail and much more extensively than in any other source. The most important stages:

Schon die Bibel ist, wie gesagt, doppeldeutig, und der Rabbi zieht sich mehr schlecht denn recht aus der Affäre. Der Redaktor des babylonischen Talmuds, der die Erzählung so, wie sie vorliegt, komponiert hat, steht natürlich auf der Seite des Rabbi, das heißt, er lehnt die gewagten Unterstellungen des Häretikers ab. Aber dies beweist nur, dass es von dem Redaktor oder den Redaktoren des babylonischen Talmuds bekämpfte Kreise gab, die Metatron nicht nur als einen besonders hohen Engel im Himmel betrachteten, sondern als eine zweite göttliche Gestalt verehrten, die Gott mit dem sonst ihm allein vorbehaltenen Namen ausgezeichnet hat, dem Tetragramm *JHWH*. Und diesmal können wir auch mit Sicherheit sagen, dass es sich bei diesen Kreisen nicht um Christen handelt, sondern eindeutig um Juden, jüdische Mitbrüder also, gegen die Rav Idith sich im Talmud so wenig erfolgreich wehrt. Wir wissen dies so genau, weil es noch ein weiteres Henochbuch gibt, das sogenannte 3. oder Hebräische Henochbuch, das aber in seiner Endredaktion sehr viel später ist als die ersten beiden Henochbücher (irgendwann zwischen 600 und 900 n. Chr.). Auch dort stirbt Henoch nicht, sondern steigt in den Himmel hinauf und wird in einen Engel verwandelt – nicht in den Menschensohn wie im 2. Henochbuch, sondern den Engel Metatron –, und dieser Verwandlungsprozess wird sehr viel ausführlicher geschildert und sehr viel weiter getrieben als in

The angel Anafiel takes Enoch away before the eyes of his fellow men and brings him to heaven in a chariot of fire. The other angels defend themselves against the »man born of a woman« in their midst, but God lets them know that this man is the »chosen one« and that he is worth more than all of them together.[38] God fills him with supernatural wisdom,[39] lets 72 wings and 365,000 eyes grow upon him,[40] and enthrones him on a throne that looks exactly like his own divine throne.[41] Then he has a herald go before him who proclaims:[42]

I have appointed Metatron, my servant, as a prince and a ruler over all the princes of my kingdom and over all the denizens of the heights.

Enoch-Metatron thus becomes God's representative in heaven, his deputy, who acts on his behalf and whom all the angels are to obey. But that is not enough: even humankind is dependent upon him. Like God, he knows humanity's deepest secrets:[43]

Before a man thinks in secret, I see (his thought), before a man acts, I see (his act). There is nothing (in heaven) above or in the depth of the world that is concealed from me.

irgendeiner anderen Quelle. Die wichtigsten Stationen:

Der Engel Anafiel nimmt Henoch vor den Augen seiner Mitmenschen weg und lässt ihn in einem Feuerwagen in den Himmel auffahren. Die anderen Engel wehren sich gegen den »Weibgeborenen« (also den Menschen) in ihrer Mitte, aber Gott lässt sie wissen, dass dieser Mensch der »Erwählte« ist und mehr wert als sie alle zusammen.[36] Gott erfüllt ihn mit überirdischer Weisheit,[37] lässt ihm 72 Flügel und 365.000 Augen wachsen[38] und inthronisiert ihn auf einem Thron, der genauso aussieht wie sein eigener göttlicher Thron.[39] Dann lässt er einen Herold vor ihm hergehen, der verkündet:[40]

Metatron, meinen Knecht, habe ich zum Fürsten und Prinzen eingesetzt über alle Fürsten meines Königreiches und über alle Söhne der Höhen.

Henoch-Metatron wird also Gottes Repräsentant im Himmel, sein Stellvertreter, der in seinem Auftrag handelt und dem alle Engel zu gehorchen haben. Damit nicht genug: Auch die Menschen sind von ihm abhängig; wie Gott kennt er ihre tiefsten Geheimnisse:[41]

Ehe ein Mensch im Verborgenen denkt, sehe ich (es), ehe ein Mensch etwas tut, sehe ich (es). Nichts in der Höhe oder in der Tiefe der Welt ist mir verborgen.

Because he loves Metatron more than all the angels in heaven, God clothes him with a royal robe, crowns him with a crown that shines as bright as the sun, and finally calls him »The lesser God« (*YHWH ha-qatan*). He thus gives him his own name, the Tetragrammaton – with the same reasoning as is provided in the Babylonian Talmud: »for my name is in him« (Ex. 23:21). As in the Talmud, Metatron is made (nearly) equal to God, but here with the explanatory addition »lesser« or »young«.[44]

With a flaming pen, God then inscribes on Metatron's crown the letters with which heaven and earth were created.[45] In plain language this means that God initiates him into all the mysteries of creation and thus makes him co-ruler over heaven and earth. The other angels draw from this the desired conclusion: in fear and trembling they prostrate themselves before him.[46] Only then does Enoch-Metatron's final transformation take place:[47]

At once my flesh turned to flame,
my sinews to blazing fire,
my bones to juniper coals,
my eyelashes to lightning flashes,
my eyeballs to fiery torches,
the hairs of my head to hot flames,
all my limbs to wings of burning fire,
and the trunk of my body to blazing fire.

Weil er Metatron mehr als alle Engel im Himmel liebt, kleidet Gott ihn mit einem königlichen Gewand, krönt ihn mit einer Krone, die so hell leuchtet wie die Sonne, und nennt ihn schließlich »Kleiner Gott« (*JHWH ha-qatan*), verleiht ihm also seinen eigenen Namen, das Tetragramm – mit derselben Begründung wie im babylonischen Talmud: »Denn mein Name ist in ihm« (Ex. 23:21). Wie im Talmud ist Metatron Gott (nahezu) gleichgestellt, allerdings hier mit dem erläuternden Zusatz »klein« oder auch »jung«.[42]

Dann schreibt Gott mit einem flammenden Griffel auf Metatrons Krone die Buchstaben, mit denen Himmel und Erde erschaffen wurden,[43] und dies bedeutet im Klartext, dass Gott ihn in alle Geheimnisse der Schöpfung einweiht und damit zum Mitherrscher über Himmel und Erde macht. Die anderen Engel ziehen daraus die erwünschte Schlussfolgerung: In Furcht und Schrecken werfen sie sich vor ihm nieder.[44] Erst dann folgt Henoch-Metatrons endgültige Verwandlung:[45]

Sogleich verwandelten sich mir mein Fleisch in (Feuer)-flamme,
meine Sehnen in glühendes Feuer,
meine Knochen in Ginsterkohlen;
das Licht meiner Augen in Blitzesstrahlen,
meine Augäpfel in Feuerfackeln,
die Haare meines Hauptes in Glut und Lohe,
alle meine Glieder in Flügel brennenden Feuers,

On my right – those who cleave flames of fire,
on my left – burning brands,
round about me swept wind, tempest, and storm;
and the roar of earthquake upon earthquake
(was) before and behind me.

Enoch's human existence is now completely wiped out; he has been transformed into the angel Metatron. His appearance, however, goes far beyond that which we are used to with angels and is rather more reminiscent of a divine apotheosis. His first task is to judge all the angels in heaven and to assign them to their rightful place in the hierarchy of angels.[48] There is no doubt that this Enoch-Metatron of the Third Book of Enoch comes as close to a second divine figure alongside God unlike any other Jewish text. Only the designation »*Lesser* God« indicates a certain gradation; yet if we translate the Hebrew *YHWH ha-qatan* as »*Young* God«, the idea is not too far from a God Father and a God Son, with which we are familiar in Christianity. We know very little about the circles that are behind the Third Book of Enoch. It is only certain that they are among the protagonists of the Merkavah or chariot throne mysticism of early Jewish mysticism. This peculiar kind of mysticism revolves around the ascent of the earthly mystic to the heavenly temple and the vision of God on his throne in the midst of the heavenly court. It emerged in Palestine and then flourished

der Rumpf meines Körpers in loderndes Feuer.
Zu meiner Rechten – Spalter der feurigen Lohe,
zu meiner Linken – Fackelbrand,
und rings um mich herum wehen Wind, Braus und Sturm;
und das Dröhnen von Erdbeben über Erdbeben
(war) vor mir und hinter mir.

Henochs menschliche Existenz ist nun völlig ausgelöscht; er ist in den Engel Metatron verwandelt, dessen Erscheinung aber weit über das hinausgeht, was wir von Engeln gewohnt sind, und eher an eine göttliche Apotheose erinnert. Seine erste Aufgabe besteht denn auch darin, alle Engel im Himmel zu richten und ihnen den ihnen zustehenden Platz in der Engelhierarchie zuzuweisen.[46] Kein Zweifel, dieser Henoch-Metatron des 3. Henochbuches kommt so nahe an eine zweite göttliche Gestalt neben Gott heran wie kein anderer jüdischer Text. Allein die Bezeichnung als »*Kleiner* Gott« lässt eine gewisse Abstufung erkennen, aber wenn wir das hebräische *JHWH ha-qatan* als »*Junger* Gott« übersetzen, liegt der Gedanke an einen Gott-Vater und Gott-Sohn nicht mehr allzu fern, wie wir ihn aus dem Christentum kennen. Wir wissen sehr wenig über die Kreise, die hinter dem 3. Henochbuch stehen; sicher ist nur, dass sie zu den Protagonisten der Merkavah- oder Thronwagen-Mystik gehören, der frühen jüdischen Mystik, die sich um den Aufstieg des irdischen Mystikers zum himmlischen Tempel und der Schau Gottes auf seinem Thron inmitten

especially in Babylonia. The Third Book of Enoch is considered the climax and end point of this movement.

It is precisely this movement of chariot throne mysticism against which the rabbis of the Babylonian Talmud defend themselves. Enoch in his new form as Metatron is even more dangerous for their Jewish self-understanding than the Enoch whom the rabbis of Genesis Rabbah encountered. And they do everything, like the rabbis of Genesis Rabbah, to degrade him. Not surprisingly, it is again the Babylonian Talmud that demonstrates this with a vivid narrative.[49] There we learn that the famous Rabbi Elisha b. Avuyah takes a heavenly journey to behold God on his throne but first encounters Metatron, who is enthroned in all his splendor and glory at the entrance to the seventh and highest heaven. As an educated rabbi, he knows that the angels do not sit in heaven but only stand; frightened, he calls forth: »Perhaps, God forbid, there are two powers (*rashuyyot*) [in heaven]?!«[50] He can therefore only understand the Metatron, who is seated on a throne, as a second God – which the Talmud, hot on his heels, counters with immediate punishment. First, Metatron is scourged with 60 fiery blasts, because he did not stand up in front of the rabbi, and therefore enabled the rabbi's misunderstanding, and then the rabbi is punished:[51] a voice from heaven announces

des himmlischen Hofstaates dreht. Sie entstand in Palästina und blühte dann vor allem in Babylonien; das 3. Henochbuch gilt als der Höhe- und Endpunkt dieser Bewegung.

Es ist genau diese Bewegung der Thronwagen-Mystik, gegen die sich die Rabbinen des babylonischen Talmuds wehren. Henoch in seiner neuen Gestalt als Metatron ist noch gefährlicher für ihr jüdisches Selbstverständnis als der Henoch, den die Rabbinen von Genesis Rabbah vorfanden. Und sie setzen wie die Rabbinen von Genesis Rabbah alles daran, ihn zu degradieren. Nicht von ungefähr ist es wieder der babylonische Talmud, der dies mit einer plastischen Erzählung demonstriert.[47] Dort wird berichtet, dass der berühmte Rabbi Elischa b. Avujah eine Himmelsreise unternimmt, um Gott auf seinem Thron zu schauen, aber zunächst auf Metatron stößt, der in all seiner Pracht und Herrlichkeit am Eingang zum siebten und höchsten Himmel inthronisiert ist. Als gebildeter Rabbi weiß er, dass die Engel im Himmel nicht sitzen, sondern nur stehen, und ruft erschrocken aus: »Gibt es vielleicht, Gott behüte, zwei (göttliche) Mächte (*raschujjot*) im Himmel?!«[48] Er kann sich also den auf einem Thron sitzenden Metatron nicht anders als einen zweiten Gott erklären – was der Talmud sofort damit kontert, dass er die Bestrafung auf dem Fuße folgen lässt. Zuerst wird Metatron mit 60 Feuerschlägen gegeißelt, weil er vor dem Rabbi

that all humankind shall be granted forgiveness if they repent, but not R. Elisha b. Avuyah because his sin (the presumption of two divine powers in heaven) is too great. Henceforth he is called Aher (»an other«) and is labeled the arch heretic of rabbinic Judaism.

The idea of two divine figures could not be condemned in harsher terms: not only is the misguided rabbi punished but also the would-be God Metatron, who is pruned down to his true dimensions. But the sharpness of this rabbinic polemic cannot and must not obscure the fact that the idea of a second God had established itself, and now clearly in Jewish circles, namely in the movement of chariot throne mysticism. And we cannot dismiss this movement as an irrelevant side issue in Judaism (as was often formerly claimed).[52] The literature that they left behind is too extensive and it was too influential to substantiate this dismissal.[53] However, here we are no longer, unlike the anti-Enoch polemic in Genesis Rabbah, in the still fluid process of the emergence of Christianity and rabbinic Judaism. Now (in the sixth or seventh century C.E.) the fronts are clear, Christianity and Judaism are established as two different religions. I have claimed elsewhere that the unrivaled exaltation of Enoch-Metatron, as it is found in the

nicht aufgestanden ist und daher dessen Missverständnis begünstigt hat, und dann wird der Rabbi bestraft:[49] Eine Himmelsstimme verkündet, dass allen Menschen Vergebung gewährt wird, wenn sie Buße tun, nur nicht R. Elischa b. Avujah, weil seine Sünde (die Annahme von zwei göttlichen Mächten im Himmel) zu groß ist – er heißt fortan Acher (»ein anderer«) und wird damit zum Erzhäretiker des rabbinischen Judentums abgestempelt.

Schärfer könnte man die Vorstellung von zwei göttlichen Gestalten nicht verurteilen: Nicht nur der irregeleitete Rabbi wird bestraft, sondern auch der Möchtegern-Gott Metatron, der auf seine wahren Dimensionen zurechtgestutzt wird. Aber die Schärfe dieser rabbinischen Polemik kann und darf nicht darüber hinwegtäuschen, dass die Idee eines zweiten Gottes sich festgesetzt hatte, und zwar jetzt eindeutig in jüdischen Kreisen, nämlich der Bewegung der Thronwagen-Mystik. Und wir können diese Bewegung auch nicht als eine bedeutungslose Randerscheinung im Judentum abtun (wie dies früher gerne behauptet wurde);[50] dafür ist die von ihnen hinterlassene Literatur zu umfangreich und auch zu wirkungsvoll gewesen.[51] Allerdings sind wir hier, anders als bei der Anti-Henoch-Polemik in Genesis Rabbah, nicht mehr im noch fließenden Entstehungsprozess von Christentum und rabbinischem Judentum; jetzt (im 6. oder 7. Jahrhundert n. Chr.) sind die Fronten klar, Christentum und Judentum

Third Book of Enoch and as it echoes through in the polemics of the Talmud against it, is a response to the Christology of the New Testament:[54] the rabbis of Palestine as well as of Babylonia were not able to banish Enoch from the religious memory of Judaism. He returns with power in these circles that we seek to grasp with the keyword chariot throne mysticism. In spite of, or perhaps even because of the establishment of Christianity, with its fully developed Christology and doctrine of the Trinity, these Jewish mystics had the courage to reconsider the form of their God and not to shy at the possibility of two divine powers in heaven. That they could fall back on older (pre-Christian) Jewish traditions, which were long buried in Judaism due to their usurpation by Christianity,[55] undoubtedly made this new reflection easier.

As the example of Enoch-Metatron shows, the process of attraction and repulsion between early Christianity and rabbinic Judaism was much more complex than we have long assumed. We have become accustomed to think about the relationship between Judaism and Christianity as two always already separated religions which went through a

sind als zwei verschiedene Religionen etabliert. Ich habe an anderer Stelle vermutet, dass die ganz unvergleichliche Erhöhung Henoch-Metatrons, wie sie im 3. Henochbuch vorliegt und in der Polemik des Talmuds dagegen durchklingt, dass diese Erhöhung eine Antwort auf die Christologie des Neuen Testaments ist:[52] Den Rabbinen Palästinas wie auch Babyloniens gelang es nicht, Henoch aus dem religiösen Gedächtnis des Judentums zu verbannen; er kehrt mit Macht in den Kreisen zurück, die wir mit dem Stichwort Thronwagen-Mystik zu fassen suchen. Trotz oder vielleicht sogar wegen der Etablierung des Christentums mit seiner voll ausgebildeten Christologie und Trinitätslehre hatten diese jüdischen Mystiker den Mut, die Gestalt ihres Gottes neu zu bedenken und vor der Möglichkeit zweier göttlicher Mächte im Himmel nicht zurückzuschrecken. Dass sie damit auf ältere (vorchristliche) jüdische Traditionen zurückgreifen konnten, die aufgrund ihrer Usurpation durch das Christentum im Judentum lange verschüttet waren,[53] hat ihnen diese Neubesinnung zweifellos erleichtert.

Wie das Beispiel Henoch-Metatron zeigt, war der Prozess der Anziehung und Abstoßung von frühem Christentum und rabbinischem Judentum sehr viel komplexer, als wir lange angenommen haben. Wir haben uns daran gewöhnt, das Verhältnis von Judentum und Christentum als das von zwei immer schon getrennten Religionen zu betrachten, die durch eine

long and terrible history of the supremacy of the one religion and the ever-intensifying persecution of the other. But if we take the trouble to look at the formative early centuries (the first half of the first millennium) more closely, a much more colorful, more nuanced and more open image appears. Recent research is making it ever more clear that not only the boundaries remained fluid for a long time, but that both religions emerged in a lively exchange with one another – until some point (later than we were inclined to admit) when the fronts became entrenched and the borders became fixed. But even then, Judaism could again, as the »Lesser/Young God« of the Third Book of Enoch demonstrates, take up originally Jewish ideas that Christianity had claimed for itself and declared to be its own trademark. These new findings of historical research, I would like to suggest at the conclusion of my lecture, are not an academic glass bead game, but could and should be applied fruitfully for that which we today call Christian-Jewish dialogue.

lange und schreckliche Geschichte der Übermacht der einen und der sich ständig verschärfenden Verfolgung der anderen Religion gegangen sind. Wenn wir uns aber die Mühe machen, die formativen ersten Jahrhunderte (die erste Hälfte des 1. Jahrtausends) genauer zu betrachten, ergibt sich ein sehr viel bunteres, differenzierteres und offeneres Bild. Die neuere Forschung lässt immer deutlicher erkennen, dass nicht nur die Grenzen lange fließend bleiben, sondern dass sich beide Religionen auch in einem lebendigen Austausch miteinander herausbilden – bis sich dann irgendwann (aber später als wir geneigt waren zuzugeben) die Fronten verhärten und die Grenzen starr werden. Aber sogar dann konnte das Judentum, wie der »Kleine/Junge Gott« des 3. Henochbuches demonstriert, ursprünglich jüdische Vorstellungen wieder aufnehmen, die das Christentum für sich reklamiert und zu seinem eigenen Markenzeichen deklariert hatte. Diese neuen Erkenntnisse der historischen Forschung, so möchte ich zum Schluss behaupten, sind kein wissenschaftliches Glasperlenspiel, sondern könnten und sollten auch für das fruchtbar gemacht werden, was man heute als christlich-jüdisches Gespräch bezeichnet.

Notes

1 Rabbiner Dr. Leopold Lucas, *Zur Geschichte der Juden im vierten Jahrhundert*, Beiträge zur Geschichte der Juden, Teil I (Berlin: Mayer & Müller, 1910).

2 For example, Blumenkranz's study on Augustine; cf. Bernhard Blumenkranz, *Die Judenpredigt Augustins: Ein Beitrag zur Geschichte der jüdisch-christlichen Beziehungen in den ersten Jahrhunderten* (Basel: Helbing und Lichtenhahn, 1946).

3 James J. D. Dunn, *The Parting of the Ways between Christianity and Judaism and their Significance for the Character of Christianity* (London: SCM, 1991).

4 Adam H. Becker and Annette Yoshiko Reed, eds., *The Ways that Never Parted: Jews and Christians in Late Antiquity and the Early Middle Ages* (Tübingen: Mohr Siebeck, 2003; paperback: Minneapolis: Fortress Press, 2007).

5 Peter Schäfer, *The Jewish Jesus: How Judaism and Christianity Shaped Each Other* (Princeton: Princeton University Press, 2012; paperback 2014).

6 Id., *Die Geburt des Judentums aus dem Geist des Christentums: Fünf Vorlesungen zur Entstehung des rabbinischen Judentums* (Tübingen: Mohr Siebeck, 2010), x f.

7 Lucas, *Zur Geschichte der Juden*, Vorwort.

8 1 Enoch 12–16.

9 Philip R. Davies, »And Enoch was not, for Genesis took him«, in *Biblical Traditions in Transmission: Essays in Honour of Michael A. Knibb*, eds. Charlotte Hempel and Judith M. Lieu (Leiden & Boston: Brill, 2006), 97–107.

10 1 Enoch 37–71.

11 1 Enoch 46:1–5.

12 1 Enoch 71:11.

13 1 Enoch 71:14–17. Translation from George W. E. Nickelsburg and James C. VanderKam, *1 Enoch: A New Translation* (Minneapolis: Fortress, 2004), 95.

14 Mt. 26:63f.: »it is as you say«; Mk. 14:62: »I am«; Lk. 22:67: »If I tell you, you will not believe.«

Anmerkungen

1 Rabbiner Dr. Leopold Lucas, *Zur Geschichte der Juden im vierten Jahrhundert*, Beiträge zur Geschichte der Juden, Teil I, Berlin: Mayer & Müller, 1910.

2 So etwa Blumenkranz zu Augustinus; s. Bernhard Blumenkranz, *Die Judenpredigt Augustins: Ein Beitrag zur Geschichte der jüdisch-christlichen Beziehungen in den ersten Jahrhunderten*, Basel: Helbing und Lichtenhahn, 1946.

3 James J. D. Dunn, *The Parting of the Ways between Christianity and Judaism and their Significance for the Character of Christianity*, London: SCM, 1991.

4 Adam H. Becker und Annette Yoshiko Reed, *The Ways that Never Parted: Jews and Christians in Late Antiquity and the Early Middle Ages*, Tübingen: Mohr Siebeck, 2003; paperback Minneapolis: Fortress Press, 2007.

5 Peter Schäfer, *The Jewish Jesus: How Judaism and Christianity Shaped Each Other*, Princeton: Princeton University Press, 2012 (paperback 2014).

6 Id., *Die Geburt des Judentums aus dem Geist des Christentums: Fünf Vorlesungen zur Entstehung des rabbinischen Judentums*, Tübingen: Mohr Siebeck, 2010, S. Xf.

7 Lucas, *Zur Geschichte der Juden*, Vorwort.

8 1 Henoch 12–16.

9 Philip R. Davies, »And Enoch was not, for Genesis took him«, in: Charlotte Hempel und Judith M. Lieu (Hgg.), *Biblical Traditions in Transmission: Essays in Honour of Michael A. Knibb*, Leiden & Boston: Brill, 2006, S. 97–107.

10 1 Henoch 37–71.

11 1 Henoch 46:1–5.

12 1 Henoch 71:11.

13 1 Henoch 71:14–17. Die Übersetzung folgt E. Kautzsch, *Die Apokryphen und Pseudepigraphen des Alten Testaments*, Bd. 2. *Die Pseudepigraphen*, Tübingen: Mohr Siebeck, 1900, S. 277f.

14 Mt. 26:63f.: »Es ist so, wie du sagst«; Mk. 14:62: »Ich bin es«; Lk. 22:67: »Wenn ich es sage, wirst du es nicht glauben«.

15 Mk. 14:62; Mt. 26:64; Lk. 22:69.

16 Sir. 49:14.

17 Michael D. Coogan, ed., *The New Oxford Annotated Bible, with the Apocryphal/Deuterocanonical Books*, New Revised Standard Version, third edition (Oxford: Oxford University Press, 2001).

18 Wisdom of Solomon 4:10–14.

19 Genesis Rabbah 25:1.

20 Heb. 11:5. The other passage where Enoch is mentioned is Jude (1:14), where the pseudepigraphic Book of Enoch is cited (1 Enoch 1:9).

21 In the quotation above, these citations of the LXX have been put in quotation marks.

22 Heb. 11:39.

23 Heb. 12:2.

24 Clemens Romanus, Epistle to the Corinthians, 9:3.

25 Justin Martyr, Dial., 19:3.

26 Clemens Alexandrinus, Stromata, IV:17,3; ibid., II:15,3.

27 Irenaeus, Haer., IV:16,2; cf. also Haer., V:5,1.

28 Tertullian, Adversus Iudaeos, 2:13; cf. also ibid., chap. 4.

29 Tertullian, De resurrectione mortuorum, 58:9.

30 Tertullian, De anima, 50.

31 y Taan 2:1/24, fol. 65b; Shemot Rabba 29:5; cf. Peter Schäfer, *Jesus in the Talmud* (Princeton: Princeton University Press, 2007), 107f.

32 A notable exception are the Targums, the Aramaic translations of the Bible to the Pentateuch. Cf. Peter Schäfer, »Genesis Rabbah's Enoch« (forthcoming).

33 b Sanhedrin 38b; parallel: Shemot Rabbah 32:4. Further to this, see Schäfer, *The Jewish Jesus*, 104ff.

34 Literally, »do not exchange me for him«.

35 Literally, »faith in their hand«.

36 *Parwanqa* is a Persian loanword, derived from Middle Iranian *parwānak* (Middle Persian *parwānag*), and means »guide, messenger, precursor«; see Michael Sokoloff, *A Dictionary of Jewish Babylonian Aramaic of the Byzantine Period* (Ramat-Gan: Bar Ilan University Press, 1990), 929.

37 Literally, »face«.

15 Mk. 14:62; Mt. 26:64; Lk. 22:69.

16 Sir. 49:14.

17 Sap. 4:10–14.

18 Genesis Rabbah 25:1.

19 Hebr. 11:5. Die andere Stelle, an der Henoch erwähnt ist, ist der Judasbrief (Jud. 1:14), wo das pseudepigraphische Henochbuch zitiert wird (1 Henoch 1:9).

20 Im Zitat jeweils in Anführungsstriche gesetzt.

21 Hebr. 11:39.

22 Hebr. 12:2.

23 Clemens Romanus, Epistle to the Corinthians, 9:3.

24 Justin der Märtyrer, Dial., 19:3.

25 Clemens Alexandrinus, Stromata, IV:17,3; ibid., II:15,3.

26 Irenaeus, Haer., IV:16,2; vgl. auch Haer., V:5,1.

27 Tertullian, Adversus Iudaeos, 2:13; s. auch ibid., Kap. 4.

28 Tertullian, De resurrectione mortuorum, 58:9.

29 Tertullian, De anima, 50.

30 j Taanit 2:1/24, fol. 65b; Exodus Rabba 29:5; dazu Peter Schäfer, *Jesus im Talmud*, Tübingen: Mohr Siebeck, ^{2}2010, S. 217f.

31 Eine bemerkenswerte Ausnahme sind die Targumim, die aramäischen Bibelübersetzungen zum Pentateuch. S. dazu Peter Schäfer, »Genesis Rabbah's Enoch« (im Druck).

32 b Sanhedrin 38b; Parallele Exodus Rabbah 32:4. Ausführlich dazu Schäfer, *Geburt*, S. 97ff.

33 Wörtlich: »tausche mich nicht gegen ihn aus«.

34 *Parwanqa* ist ein persisches Lehnwort, abgeleitet von mitteliranisch *parwānak* (mittelpersisch *parwānag*), und bedeutet »guide, messenger, precursor« (Führer, Botschafter, Wegbereiter); s. Michael Sokoloff, *A Dictionary of Jewish Babylonian Aramaic of the Byzantine Period*, Ramat-Gan: Bar Ilan University Press, 1990, S. 929.

35 Wörtlich: »wenn dein Angesicht nicht mitgeht«.

36 Peter Schäfer [et al.], *Synopse zur Hekhalot-Literatur*, Tübingen: Mohr Siebeck, 1981, § 9.

37 Ibid., § 11.

38 Ibid., § 12.

39 Ibid., § 13.

40 Ibid.

38 Peter Schäfer, et al., *Synopse zur Hekhalot-Literatur* (Tübingen: Mohr Siebeck, 1981), § 9.

39 Ibid., § 11.

40 Ibid., § 12.

41 Ibid., § 13.

42 Ibid.

43 Ibid., § 14.

44 Ibid., § 15.

45 Ibid., § 16.

46 Ibid., §§ 17 f.

47 Ibid., § 19.

48 Ibid., § 20.

49 b Hagiga 15a with a parallel in 3 Enoch, *Synopse zur Hekhalot-Literatur*, § 20; on this, see David M. Grossberg, »Between 3 Enoch and Bavli Hagigah: Heresiology and Orthopraxy in the Ascent of Elisha ben Abuyah«, in *Hekhalot Literature in Context: Between Byzantium and Babylonia*, eds. Ra'anan Boustan, Martha Himmelfarb, and Peter Schäfer (Tübingen: Mohr Siebeck, 2013), 117–139.

50 In the parallel in 3 Enoch he says: »There are indeed two powers (*rashuyyot*) in heaven!«

51 In 3 Enoch the order is reversed, first Elisha b. Avuyah is punished and then Metatron.

52 Notorious for this is Graetz's attacks on Jewish mysticism in general and Hekhalot literature in particular. Cf. Peter Schäfer, »›Adversus cabbalam‹ oder: Heinrich Graetz und die jüdische Mystik,« in *Reuchlin und seine Erben: Forscher, Denker, Ideologen und Spinner*, eds. Peter Schäfer and Irina Wandrey (Ostfildern: Jan Thorbecke, 2005), 189–208.

53 Parts of Hekhalot literature have found their way into Jewish liturgy.

54 Schäfer, *The Jewish Jesus*, 141 ff.

55 Cf. Peter Schäfer, »Two Powers in Heaven: Binitarian Ideas in Ancient Judaism,« *Festschrift* for Steven Fraade (forthcoming).

41 Ibid., § 14.

42 Ibid., § 15.

43 Ibid., § 16.

44 Ibid., §§ 17f.

45 Ibid., § 19.

46 Ibid., § 20.

47 b Chagiga 15a mit einer Parallele im 3. Henoch, *Synopse zur Hekhalot-Literatur*, § 20; ausführlich dazu David M. Grossberg, »Between 3 Enoch and Bavli *Hagigah*: Heresiology and Orthopraxy in the Ascent of Elisha ben Abuyah«, in: Ra'anan Boustan, Martha Himmelfarb und Peter Schäfer (Hgg.), *Hekhalot Literature in Context: Between Byzantium and Babylonia*, Tübingen: Mohr Siebeck, 2013, S. 117–139.

48 In der Parallele im 3. Henoch sagt er: »Ganz gewiss gibt es zwei Mächte (*raschujjot*) im Himmel!«

49 Im 3. Henoch ist die Reihenfolge umgekehrt: Zuerst wird Elischa b. Avujah bestraft und dann Metatron.

50 Notorisch sind Graetzens Ausfälle gegen die jüdische Mystik im allgemeinen und die Hekhalot-Literatur im Besonderen; s. dazu Peter Schäfer, »›Adversus cabbalam‹ oder: Heinrich Graetz und die jüdische Mystik«, in: Peter Schäfer und Irina Wandrey (Hgg.), *Reuchlin und seine Erben: Forscher, Denker, Ideologen und Spinner*, Ostfildern: Jan Thorbecke, 2005, S. 189–208.

51 Teile der Hekhalot-Literatur haben Eingang in die jüdische Liturgie gefunden.

52 *Geburt*, S. 129ff.

53 S. dazu Peter Schäfer, »Two Powers in Heaven: Binitarian Ideas in Ancient Judaism«, Festschrift Steven Fraade (im Druck).

Address
at the Award Ceremony of the
2014 Dr. Leopold Lucas Prize

by

Jürgen Kampmann

Ansprache bei der Verleihung des Dr. Leopold Lucas-Preises 2014

von

Jürgen Kampmann

Esteemed Ehrensenator Lucas, dear University Rector, dear Deans of Faculties, dear colleagues, ladies and gentlemen – and in particular, dear Professor Schäfer and dear Dr. Peterson!

On behalf of the Eberhard Karl's University as a whole and especially on behalf of the Faculty of Protestant Theology, I would like to welcome you to this ceremony! We have come together to award the Dr. Leopold Lucas Prize and the Dr. Leopold Lucas Junior Scholar Prize for 2014, and I have the honor of saying the opening words.

In view of the occasion, however, these words must go beyond an appraisal of the prize winners. This is because awarding these two prizes today not only has to do with the prize winners and their excellent accomplishments which are to be honored; it not only has to do with the present, but also – and in terms of chronology even foremost – a remembrance of the person whose memory this award

Sehr verehrter, lieber Herr Ehrensenator Lucas, Magnifizenz, verehrte geladene Gäste, Spectabiles, liebe Kolleginnen und Kollegen, sehr verehrtes Auditorium – und in diesem nun ganz besonders: Sehr geehrte Preisträger des heutigen Tages, Herr Kollege Schäfer und Herr Peterson!

Gerne möchte ich Sie alle im Namen der Eberhard-Karls-Universität insgesamt und der Evangelisch-Theologischen Fakultät insbesondere zu dieser Feierstunde willkommen heißen! Zusammengekommen sind wir zur Verleihung des Dr. Leopold Lucas-Preises sowie des Dr. Leopold Lucas-Nachwuchswissenschaftlerpreises für das Jahr 2014, und mir fällt heute die ehrenvolle Aufgabe zu, die einleitenden Worte zu sagen.

Angesichts des Anlasses müssen diese aber über eine Laudatio auf die Preisträger hinausgreifen. Denn bei den beiden heutigen Preisverleihungen geht es eben nicht nur um die Preisträger und deren Leistungen, die zu würdigen sind und herausragen, es geht nicht nur um das Hier und Jetzt, sondern auch – und betrachtet man es chronologisch, sogar zuerst – um eine Erinnerung an denjenigen, zu dessen

serves, a remembrance which should not allow him, his work and that which happened to him to be forgotten: Dr. Leopold Lucas, who was born in 1872 in Marburg on the Lahn and who died in the Theresienstadt Concentration Camp. Leopold Lucas, who received his doctorate here in Tübingen, who was recognized by the academy for his work on the history of Judaism and who served for many years as a rabbi in Glogau, became a victim of the Nazi tyranny and its racist ideology – and soon after him, his wife suffered the same bitter fate.

In Leopold Lucas we encounter a committed and untiring supporter of the research of Jewish culture and theology – someone who was fervently committed to the academic study of Judaism. In 1902 he was among the founders of the Society for the Advancement of Jewish Studies. This society had as its goal »to be and to remain [...] a refuge of academic research«,[1] as Leopold Lucas emphasized above all other aspects. Thus it was to produce »preliminary work on the understanding of the history and religion of Judaism« – specifically: to develop a critical edition of rabbinical and especially Talmudic literature, including a dictionary for the language of the Mishnah.[2] In addition, a collection of all available records and inscriptions was to be compiled in order »to express the past of the Jews correctly« with the help of these »unfailing and characteristic sources

Gedächtnis diese Preisverleihung dient und die ihn, sein Wirken und sein Ergehen, nicht dem Vergessen anheimfallen lassen soll: Dr. Leopold Lucas, der, 1872 in Marburg an der Lahn geboren, am 17. September 1943 sein Leben im Konzentrationslager Theresienstadt lassen musste. Leopold Lucas, promoviert hier in Tübingen, wissenschaftlich ausgewiesen durch Arbeiten zur Geschichte des Judentums, beruflich über viele Jahre als Rabbiner in Glogau tätig, wurde (wie dann auch bald darauf seine Frau) ein Opfer der nationalsozialistischen Gewaltherrschaft und ihrer Rassenideologie.

In ihm, Leopold Lucas, begegnet uns ein engagierter, nicht ermüdender Förderer der Forschung zur jüdischen Kultur und Theologie – mit Elan hat er sich für die wissenschaftliche Erforschung des Judentums eingesetzt. 1902 gehörte er zu den Mitbegründern der »Gesellschaft zur Förderung der Wissenschaft des Judentums«. Diese hatte es sich zum Ziel gesetzt, eine – so stellte es Leopold Lucas wörtlich allen anderen Aspekten voran – »Freistätte wissenschaftlicher Forschung sein und bleiben« zu wollen.[1] Dabei sollte es zunächst darum gehen, »Vorarbeiten zur Kenntnis der Geschichte und Religion des Judentums« zu erstellen – konkret: eine kritische Ausgabe der rabbinischen, besonders der talmudischen Literatur zu erarbeiten, einschließlich eines Wörterbuches der Mischnasprache.[2] Zudem sollte eine Sammlung aller erreichbaren Urkunden

of cultural history« and in order to produce a »Germania Judaica«.[3] Leopold Lucas had no illusions, however, about the fact that this task would require an enormous amount of time and energy: »With excellent hard work of the staff and exceptional organization, a half of a century will probably hardly suffice for the provisional solution.«[4] That he was not indulging in a utopia or sketching out an unrealizable dream, but that he was able to develop an accurate idea of how this goal could be achieved, is demonstrated by a lecture he held more than 100 years ago, on the 27th of December, 1905, at the Annual Congress of the above mentioned society. It is impressive how decisively Leopold Lucas promoted a consistent historical-critical (and not a dogmatically prejudiced or compromised) perception and interpretation of the sources from their respective contemporary contexts. He describes the development vividly: »With the rod of criticism they struck the newly discovered ancient rock. In this way they wanted to learn to understand their own people, with all of its characteristics, and the characteristics of the nations with which our people interacted, all of the internal causes of the triumphs and defeats, of intellectual production and its decline.«[5]

und Inschriften unternommen werden, um mittels dieser »untrügliche[n] und charakteristische[n] Quellen der Kulturgeschichte« »die Vergangenheit der Juden auf den richtigen Ausdruck zu bringen« und so eine »Germania judaica« erstellen zu können.[3] Leopold Lucas gab sich auch keinen Illusionen hin, dass dies einen enormen Aufwand an Zeit und Kraft erfordern werde: »Bei ausgezeichnetem Fleiss der Mitarbeitenden und vorzüglicher Organisation dürfte wohl ein halbes Jahrhundert zur vorläufigen Lösung kaum ausreichen«.[4] Dass er damit nicht etwa einer Utopie nachhing oder einen nicht zu realisierenden Traum skizzierte, sondern dass er eine präzise Vorstellung davon zu entwickeln vermochte, wie dieses große Ziel erreicht werden könne, das hat er zum Beispiel vor mehr als 100 Jahren, am 27. Dezember 1905, in einem Vortrag bei der Generalversammlung der genannten Gesellschaft dargelegt. Es ist beeindruckend, wie entschieden Leopold Lucas sich dabei für eine konsequent historisch-kritische – und eben nicht dogmatisch präjudizierte oder überformte – Wahrnehmung und Interpretation der Quellen aus ihren jeweiligen zeitgeschichtlichen Kontexten heraus eingesetzt hat; ganz bildhaft beschreibt er die Entwicklung: »Mit dem Stabe der Kritik schlug man an die neuentdeckten alten Felsen. Auf diese Weise wollte man das eigene Volk verstehen lernen mit allen seinen Eigenschaften, auch die Eigenschaften der Völker, mit welchen

He worked this out in detail with regard to the historiography concerning that which has happened to the Jewish people: »Our historians also had to struggle against the reluctance of those who thought differently in religious matters, and who did not spare them of the allegation that they were reporting unreliable things. Some refused to recognize the infinite relativity of historical life and the simple conception of imaginative stories; while to others, the presentations appeared not to be unprejudiced and not distant from partisanship.«[6] In contrast, Lucas asserted uncompromisingly: »Every binding restraint is to be excluded [!], the conclusions of research cannot be determined at the outset. Being in the service of the truth, we want to acknowledge neither censorship nor paternalism, for these are the means of defense which error makes use of in the battle of truth.«[7] Even today in 2014, the difficulties identified in 1905 may still be held to be true: »Researchers can come into conflict with prevailing opinions and contradict the voices of the time in every era; those who always agree with public opinions and who consider what rulers would like to hear are false prophets, as we all know.«[8]

unser Volk in Berührung kam, alle inneren Ursachen der Triumphe und der Niederlagen, der geistigen Produktion und ihres Verfalles.«[5]

Und er hat dies dann mit Blick auf die Geschichtsschreibung über das Ergehen des jüdischen Volkes konkretisiert: »Unsere Geschichtsschreiber hatten auch den Widerwillen derer zu bekämpfen, welche in religiösen Dingen anders dachten als sie selbst, und unseren Gelehrten den Vorwurf, Unzuverlässiges zu berichten, nicht ersparten. Die einen wollten nicht die unendliche Bedingtheit des geschichtlichen Lebens anerkennen und die schlichte Auffassung phantasievoller Berichte, den anderen erschienen die Darstellungen nicht vorurteilsfrei und fern von Parteilichkeit.«[6] Dagegen setzte Lucas kompromisslos: »Jede Gebundenheit ist auszuschliessen [!], das Ergebnis einer Forschung ist am Anfang nicht zu bestimmen. Im Dienste der Wahrheit wollen wir nichts wissen von irgend welcher Zensur und Bevormundung, denn das sind die Verteidigungsmittel, deren sich der Irrtum im Kampfe der Wahrheit bedient.«[7] Und auch heute, 2014, dürfte noch zutreffen, was er schon 1905 so beim Namen nannte: »Die Forscher können mit herrschenden Meinungen in Widerspruch treten und den Stimmen der Zeit in jeder Epoche widersprechen, sind es doch, wie wir wissen, die falschen Propheten, deren Stimmen immer die Stimmen der Zeit und die jeweilige Rücksicht auf die Machthaber beachteten.«[8]

This plea for an unbiased, open-ended and non-preordained research – which is dedicated solely to the correct understanding of the object of research itself – takes impressive contours and gains topicality in an age constantly demanding new applications for external funding for research, which are always to be made plausible. It could almost cause melancholy to see how Leopold Lucas, at his time, put this matter of free research in concrete terms: »From the beginning we subsidized scholarly work, and whenever research was submitted to us, we supported it, even if it was concerned with a remote matter or would only fit into the scope of our research plans to a small extent. As long as research has the main characteristic of scientific rigor, it shall have, by the request of the author, the protection of our learned organization.«[9]

It would be a misunderstanding to see this as a plea for a mere focus on the survey and presentation of the *bruta facta*. On the contrary, Leopold Lucas was very conscious of the fact that historical research requires mediation and thus a hermeneutical dimension. He explained what is required with view to the existing challenge regarding the history of Judaism: »It is not an easy task to write the history of a people which is not happy to present one misfortune after

Dieses Plädoyer für eine unvoreingenomme, ergebnisoffene, auch nicht abgezweckte Forschung – die allein der rechten Erkenntnis des Forschungsgegenstandes selbst gewidmet ist – gewinnt im Zeitalter der immer neuen, immer wieder zu plausibilisierenden Anträge auf Gewährung von Drittmitteln für die Forschung eine eindrückliche Kontur und Zuspitzung, die fast Wehmut erzeugen könnte, wenn Leopold Lucas zu seiner Zeit diesen Ansatz freier Forschung dahingehend konkretisiert hat: »Wir haben von Anfang an die Subventionierung gelehrter Arbeiten vorgenommen, und wo immer uns eine wissenschaftliche Arbeit vorgelegt wurde, sie unterstützt, mochte sie noch so entlegene Gegenstände behandeln und noch so wenig in den Rahmen unserer wissenschaftlichen Pläne gehören. Sobald ein Werk nur das eine Hauptkennzeichen der Wissenschaftlichkeit besitzt, untersteht es auf den Wunsch des Verfassers dem Schutze unserer gelehrten Organisation.«[9]

Nun ginge man aber fehl, wenn man dies zugleich für ein Plädoyer zugunsten einer bloßen Konzentration auf die Erhebung und Darstellung von bruta facta hielte. Leopold Lucas war sich im Gegenteil sehr bewusst, dass historische Forschung auch der Vermittlung und damit einer hermeneutischen Leistung bedarf. Was diesbezüglich erforderlich ist, hat er mit Blick auf die hinsichtlich der Geschichte des Judentums bestehende Herausforderung so er-

another and at the same time to demonstrate where the seeds of the future are to be sought in troubled times. [...] A historian considers, if he undertakes to present the past of his people, the audience which requires instruction from him. That is why he cannot simply recount the events, but must also comment on the ideas and problems which – derived from the past – influence the present and which are entitled to academic expression.«[10]

As we shall see, the remembrance of these principles, which Dr. Leopold Lucas emphasized more than a century ago, becomes especially vivid today with the award of the memorial prize that is dedicated to his memory and his work. That this is possible is thanks to Consul General Franz D. Lucas, who initiated the foundation of this prize on the occasion of the 100th birthday of his father and who implemented its award from 1974 onward. With this prize, individuals shall be honored who have distinguished themselves through outstanding achievements in the fields of theology, history and philosophy especially with regard to the mutual understanding between people and nations and the promotion of the idea of tolerance.

läutert: »Es ist keine leichte Aufgabe, die Geschichte eines Volkes zu schreiben, welches nicht glücklich ist, ein Unglück nach dem anderen vorzuführen und zugleich nachzuweisen, wo in trüben Zeiten die Keime der Zukunft zu suchen sind. [...] Ein Geschichtsschreiber denkt sich, wenn er die Vergangenheit seines Volkes darzustellen unternimmt, ein Publikum, das Belehrung von ihm fordert. Darum wird er immer nicht nur den Tatbestand geben können, sondern er wird Stellung nehmen müssen zu den Gedanken und Problemen, die von der Vergangenheit hergeleitet die Gegenwart bewegen und auf wissenschaftliche Formulierung Anspruch haben.«[10]

Die Erinnerung an diese Perspektiven, die Dr. Leopold Lucas vor mehr als einem Jahrhundert entworfen hat, wird, wie wir gleich noch näher sehen werden, bei der heutigen Verleihung des an ihn und sein Werk erinnernden Gedächtnispreises besonders lebendig – und dass es dazu kommt, das ist das Verdienst von Herrn Generalkonsul Franz D. Lucas, der die Stiftung dieses Preises aus Anlass des 100. Geburtstags seines Vaters initiiert und von 1974 an zur Realisierung gebracht hat, auf dass dadurch Persönlichkeiten gewürdigt werden, die sich auf den Gebieten der Theologie, der historischen Geisteswissenschaften und Philosophie durch hervorragende Leistungen in besonderer Weise um die Verständigung zwischen Menschen und Völkern sowie um

It is a particularly important impulse for the appreciation of excellent academic work that since 1985 junior scholars have been awarded with an additional prize, emphasizing the fact that excellent academic research needs to be continued by the younger generation in a highly qualified way. According to the regulations for the award of the Dr. Leopold Lucas Junior Scholar Prize, an award will be granted for *one* outstanding doctoral dissertation, alternating every year between the fields of Protestant Theology, Catholic Theology, Philosophy and History. In this cycle, it was the turn of the Protestant Faculty of Theology in 2014 to propose a candidate. After a careful review and assessment of the dissertations which had to be taken into account from the past four years, the decision was then made to honor with the Dr. Leopold Lucas Junior Scholar Prize the dissertation submitted by Mr. Paul Silas Peterson, »The Early Balthasar: Historical Contexts and Intellectual Formation.« It was accepted in the subject area of Systematic Theology last year.[11]

die Verbreitung des Toleranzgedankens verdient gemacht haben.

Einen für die Auszeichnung hervorragender wissenschaftlicher Arbeit besonders wichtigen Impuls stellt es dar, dass seit 1985 zusätzlich auch an Nachwuchswissenschaftler ein Preis verliehen wird. Damit wird der Fokus in besonderer Weise darauf gelenkt, dass wissenschaftliche Forschung unbedingt der Fortführung durch die nachwachsende Generation in möglichst exzellenter Weise bedarf. Nach den Regularien zur Vergabe des Dr. Leopold-Lucas-Nachwuchswissenschaftlerpreises wird daher durch diesen für *eine* hervorragende Dissertation – jährlich wechselnd aus den Bereichen der Evangelischen Theologie, der Katholischen Theologie, der Philosophie und der Geschichtswissenschaft – eine Auszeichnung vorgenommen. In diesem Turnus war 2014 die Evangelisch-Theologische Fakultät an der Reihe, den Vorschlag für die Vergabe des Preises zu unterbreiten. Nach einer sorgsamen Prüfung und Erwägung der aus den zurückliegenden vier Jahren in Betracht zu ziehenden Dissertationen ist dann die Entscheidung dahingehend getroffen worden, die von Herrn Paul Silas Peterson eingereichte Untersuchung »The Early Balthasar: Historical Contexts and Intellectual Formation«, die im vergangenen Jahr als Dissertation im Fach Systematische Theologie angenommen worden ist,[11] mit dem Dr. Leopold-Lucas-Nachwuchswissenschaftlerpreis auszuzeichnen.

Dr. designatus Peterson grew up in the USA in Portland (Oregon) and also studied theology there at Portland Bible College and Western Seminary before moving to the University of Edinburgh in 2005, where he completed the degree Master of Theology. But since 2006 he then continued his research here in Tübingen – and worked as a Research Assistant and then as an Academic Assistant at the chair of Systematic Theology of Christoph Schwöbel at our faculty. The fruit of his work here has not only been the dissertation, but also a whole series of essays on various topics – to indicate the thematic scope, I will only mention some of the titles: »The unquantifiable value of *imago Trinitatis*: Theological anthropology and the bioethical discourse on human dignity« (2008), »*Creatio ex pulchritudine*: A comparative analysis of David Bentley Hart's doctrine of creation versus Plotinus's account of *prohodos* (*emanatio*)« (2009), »›The Perfection of Beauty‹: Cotton Mather's Christological interpretation of Shechinah Glory in the Biblia Americana and its theological contexts« (2010), »*Civitas terrena*: On Heinrich August Winkler's *Geschichte des Westens*« (2011), »Erich Przywara on *Sieg-Katholizismus*, bolshevism, the Jews, *Volk*, *Reich* and the *analogia entis* in the 1920s and 1930s« (2012). It should not be forgotten that Paul Silas Peterson has also served as a translator of theological literature; just to mention one example, he translated an essay from Lieven

Herr Dr. designatus Peterson ist in den USA in Portland (Oregon) aufgewachsen und hat dann auch dort am Portland Bible College und am Western Seminary Theologie studiert, bevor er 2005 an die University of Edinburgh wechselte, wo er die Prüfung zum Master of Theology absolvierte. Doch schon seit 2006 hat er hier in Tübingen seine wissenschaftliche Arbeit fortgesetzt – und alsbald auch als Wissenschaftliche Hilfskraft und dann als Wissenschaftlicher Assistent am systematisch-theologischen Lehrstuhl von Christoph Schwöbel an unserer Fakultät gewirkt. Seine Arbeit dort hat nicht nur die Dissertation als Frucht hervorgebracht, sondern auch eine ganze Reihe von Aufsätzen zu diversen Themen – um das Spektrum anzudeuten, nenne ich nur einige der Titel: »The unquantifiable value of imago Trinitatis: Theological anthropology and bioethical discourse on human dignity« (2008), »Creatio ex pulchritudine. A comparative analysis of David Bentley Hart's doctrine of creation versus Plotinus's account of prohodos (emanatio)« (2009), »›The Perfection of Beauty‹: Cotton Mather's Christological Interpretation of Shechinah Glory in the Biblia Americana and its Theological Contexts« (2010), »Civitas terrena: On Heinrich August Winkler's Geschichte des Westens« (2011), »Erich Przywara on Sieg-Katholizismus, bolshevism, the Jews, Volk, Reich and the analogia entis in the 1920s and 1930s« (2012). Dabei ist nicht zu vergessen, dass Paul Silas

Boeve from English into German: »Transcendence, Otherness and the Decentering of the Subject: Theological Observations regarding Contemporary Hermeneutics of Religion« (2011). I will not continue this list here now, because today's award applies to his study of Hans Urs von Balthasar, the Catholic theologian who was born in 1905 and died in 1988. In this study Mr. Peterson focused particularly on the early years of the life and theological thought of his protagonist. He succeeded in shedding light on Balthasar's thought in his time-dependent backgrounds and characteristics and in explaining his theological development against the background of his embeddedness in the conditions, currents and tendencies – without which he would have been left unchallenged and unaffected by the currents of the spirit of the times. This is not done with the request to discredit this but rather to show to what extent Balthasar was able, with view to the currents of his time and the hazards they represented, to gain independence in his theological thinking. Having precisely described and analyzed these intertwining relationships is the special achievement of Paul Silas Peterson. The anti-modern and anti-liberal trait, which was characteristic of Balthasar's early period, and his tendency to give space to ethnic ideology, also in theological thinking, let him position himself in the characteristic style and mindset of National Socialist ideology – as

Peterson sich auch als Übersetzer wissenschaftlicher theologischer Literatur hat in Dienst nehmen lassen – und etwa einen Aufsatz Lieven Boeves aus dem Englischen ins Deutsche übertragen hat: »Transzendenz, Andersheit und die Dezentrierung des Subjekts: Theologische Anmerkungen bezüglich zeitgenössischer Hermeneutik der Religion« (2011). Ich halte hier inne – denn die heutige Auszeichnung gilt ja seiner Untersuchung über Hans Urs von Balthasar, den 1905 geborenen, 1988 verstorbenen katholischen Theologen. Dabei hat sich Herr Peterson insbesondere auf die frühen Jahre des Lebens und theologischen Denkens seines Protagonisten konzentriert. Es ist ihm dabei gelungen, Balthasars Denken in seinen zeitbedingten Hintergründen und Geprägtheiten zu erhellen und seine theologische Entwicklung vor dem Hintergrund seines Verhaftetseins in den Bedingungen, Strömungen und Tendenzen zu erläutern – das aber nicht mit dem Ansinnen, dies zu diskreditieren, sondern um zu zeigen, in welchem Maße es Balthasar gelungen ist, angesichts der Sogwirkungen seiner Zeit und der davon ausgehenden Gefährdungen Unabhängigkeit in seinem theologischen Denken zu gewinnen – ohne dass er aber von den Strömungen des Zeitgeistes unangefochten und unberührt geblieben wäre. Diese Verflechtungszusammenhänge präzise beschrieben und analysiert zu haben, stellt die besondere Leistung von Paul Silas Peterson dar. Der

regards both his anti-Semitism and his critique of art. Although he consciously distanced himself from National Socialism, these tendencies influenced his thinking with view to the Swiss folk-spirit even beyond the end of this period. With this it becomes clear how difficult it is to disengage from politically, socially and culturally determined patterns of thinking to which one has been exposed. Peterson has been able to open up an undistorted view of the interrelationships that, beforehand, presented themselves as a strongly woven mesh and a heavily mixed complex situation. They can, however, be disclosed in their individuality and inner differentiation with a corresponding analytical tool of multiple contextualization. His work thus addresses the question how it is possible to hold on to recognized theological truth and nevertheless to subordinate it to the trends of the time, or to relinquish it – and thereby introduces a central perspective that is essential for the history of theology of the twentieth century (and probably not only for it!).

This achievement has not only gained recognition with the grade of the dissertation *summa cum laude*,

für Balthasars frühe Zeit charakteristische antimoderne und antiliberale Zug und seine Tendenz, der Idee des Völkischen auch im theologischen Denken Raum zu geben, haben ihn sich ebenso antisemitisch wie kunstkritisch im Duktus der nationalsozialistischen Ideologie positionieren lassen und sein Denken trotz einer bewussten Distanzierung vom Nationalsozialismus doch auch über das Ende dieser Epoche hinaus mit Blick auf schweizerischen Volksgeist geprägt; damit wird deutlich, wie schwer es ist, sich von politisch, sozial und kulturell bestimmenden Denkmustern, denen man ausgesetzt gewesen ist, wieder zu lösen. Peterson ist es gelungen, eine unverstellte Wahrnehmung von Zusammenhängen zu eröffnen, die sich vor der Hand als stark verwobenes Geflecht und stark durchmischte Gemengelage darstellen, die aber mit einem entsprechenden analytischen Instrumentarium einer mehrfachen Kontextualisierung dennoch in ihrer Eigenheit und inneren Differenziertheit offengelegt werden können. So führt seine Arbeit vor die Frage, wie es gelingen kann, an eingesehener theologischer Wahrheit festzuhalten und diese den Tendenzen der Zeit dennoch nachzuordnen oder sie gar preiszugeben – und eröffnet damit eine für die Theologiegeschichte des 20. Jahrhunderts (und wohl nicht nur für sie!) zentrale Perspektive.

Anerkennung hat diese Leistung nun nicht nur durch die Benotung der Dissertation mit »summa

today it is also honored publicly in a very exceptional way with the conferral of the Dr. Leopold Lucas Junior Scholar Prize.

Mr. Peterson, may I now ask you to accept this award!

Ladies and Gentlemen, this year the Dr. Leopold Lucas Prize shall be awarded to Professor Dr. Dr. h.c. mult. Peter Schäfer. His academic work represents an outstanding contribution to the study of the history, literature and theology of ancient and early medieval Judaism. Through his editorial activities, but also through accompanying analytical or interpretive work, Peter Schäfer has gained the highest academic recognition. With the Hekhalot literature, he offered a scholarly edition of the texts of Jewish mysticism for the first time, translated them and made them accessible with a concordance. He is responsible for the edition of the Talmud Yerushalmi and with the edition of the magical literature from the Cairo Genizah he is making many texts available for the first time which were found there.

In addition, he has presented central themes of the theology of early Judaism – I shall mention just a few keywords: »Holy Spirit«, »Angels«, »hiddenness and revelation of God« and »messianism«. In particular, he has also analyzed the relationships between

cum laude« erfahren, sie erhält sie heute auch öffentlich durch die Zuerkennung des Dr. Leopold Lucas-Nachwuchswissenschaftler-Preises in einer ganz herausgehobenen Weise.

Sie, Herr Peterson, darf ich bitten, diese Auszeichnung nun in Empfang zu nehmen!

Meine Damen und Herren, der diesjährige Dr. Leopold Lucas-Preis ist Herrn Professor Dr. Dr. h.c. mult. Peter Schäfer zuerkannt worden. Sein wissenschaftliches Werk stellt einen herausragenden Beitrag zur Erforschung der Geschichte, der Literatur und der Theologie des antiken wie des frühmittelalterlichen Judentums dar. Durch seine Editionstätigkeit, aber auch durch begleitende analysierende und interpretierende Arbeiten hat Peter Schäfer höchstes Ansehen erworben. So hat er mit der Hekhalot-Literatur Texte der jüdischen Mystik erstmals wissenschaftlich ediert, er hat sie übersetzt und durch eine Konkordanz erschlossen. Ihm obliegt die Verantwortung für die Edition des Talmud Yerushalmi, er macht durch die Edition magischer Literatur aus der Kairoer Geniza viele dort aufgefundene Texte erstmals zugänglich.

Hinzu kommt, dass er zentrale Themen der Theologie des Frühjudentums – ich nenne als Stichworte nur »Heiliger Geist«, »Engel«, »Verborgenheit und Offenbarung Gottes«, »Messianismus« – dargestellt und insbesondere auch die Beziehungen

Judaism and Christianity in antiquity and late antiquity and has addressed the question regarding the origin of the hatred towards the Jews and the fear of the Jews in this period. Not only does he know how to open up deep insights into specific issues, he also knows how to provide overviews – for example, regarding the history of the Jews of Palestine in the time from Alexander the Great to the Arab conquest.

Peter Schäfer has argued repeatedly and passionately for interdisciplinary research – indeed, he has openly lamented that when the disciplines New Testament, Early Church History, Jewish Studies, Ancient History, Classics and Archaeology remain entangled »in a proud self-sufficiency of their own academic tradition« they will »remain all too often unaware of what is happening in other fields«.[12] He has consciously attempted to select alternative approaches in this regard and has not only looked for places of contact between the disciplines mentioned above, but has also specifically inquired into the possible areas of overlap; furthermore, he has sought to analyze contemporary discourses from this perspective. This becomes very clear in *Festschriften* which were dedicated to him: in 2003 for his 60th birthday *Jewish Studies between the Disciplines – Judaistik zwischen den Disziplinen*[13] and in 2013 *Envisioning Judaism: Studies in Honor of Peter Schäfer on the Occasion of his Seventieth Birthday*.[14] It contains contributions from

zwischen Judentum und Christentum in der Zeit der Antike und Spätantike untersucht hat, und auch der Frage der Entstehung von Judenhass und Judenfurcht in dieser Epoche ist er nachgegangen. Er versteht es, nicht nur tiefe Einblicke in Einzelfragen zu eröffnen, sondern auch Überblicke zu ermöglichen – etwa zur Geschichte der Juden Palästinas in der Zeit von Alexander dem Großen bis zur arabischen Eroberung.

Dabei hat Peter Schäfer immer wieder leidenschaftlich für disziplinübergreifendes Forschen plädiert – ja, er hat es schon unverhohlen beklagt, wenn die Disziplinen Neues Testament, Alte Kirchengeschichte, Judaistik, Alte Geschichte, Klassische Philologie und Archäologie befangen bleiben »in stolzer Selbstgenügsamkeit ihrer eigenen Wissenschaftstradition verpflichtet«, »allzu oft in Unkenntnis dessen, was sich auf den anderen Gebieten abspielt«.[12] Bewusst hat er es unternommen, hier andere Ansätze zu wählen und andere Akzente zu setzen und eben nicht nur nach Berührungsflächen der genannten Disziplinen zu suchen, sondern gezielt nach möglichen Überschneidungen zu fragen und geführte Diskurse unter diesem Blickwinkel zu untersuchen. Das wird sehr deutlich auch in Festschriften, die ihm gewidmet worden sind: 2003 (zum 60. Geburtstag) »Jewish Studies between the Disciplines/Judaistik zwischen den Disziplinen«[13] und 2013 »Envisioning Judaism: Studies in Honor of

the various fields of research which Peter Schäfer has focused on and to which he has given creative stimuli – and which, at the same time, show the great breadth of his outlook: the investigation of Rabbinic Judaism, early Jewish mysticism and magic, but also medieval, early modern and modern Judaism.

One is struck by the fact that Peter Schäfer succeeds in an evidently impressive way to combine research and teaching with one another. A number of his presentations that were published later were triggered by seminars and are indebted, as Peter Schäfer himself remarks, to the concentrated academic discussion in their preparation and implementation.[15] Indeed, the joy and enthusiasm which he experienced in this context communicates itself to the reader when he describes his collaboration in a Princeton seminar with Israel Yuval of the Hebrew University in the foreword to his study about *Jesus in the Talmud*, for example: »At first we wanted to meet briefly to discuss the structure and strategy of the seminar sessions, but soon our meetings became longer and longer, until we spent hours reading the texts together – mutually inspiring one another and driving one another to ever bolder interpretations and conclusions.«[16] This is also communicated when

Peter Schäfer on the Occasion of his Seventieth Birthday«[14]. In ihnen finden sich Beiträge aus den diversen Forschungsfeldern, denen sich Peter Schäfer selbst intensiv zugewandt hat und für die er impulsgebend geworden ist – und die zugleich die große Weite seines Blickes anzeigen: auf die Erforschung des Rabbinischen Judentums und der frühen jüdischen Mystik und Magie, aber auch des mittelalterlichen, frühneuzeitlichen und modernen Judentums.

Ins Auge springt dabei, dass es Peter Schäfer in ganz offensichtlich beeindruckender Weise gelingt, Forschung und Lehre miteinander zu verbinden. Eine ganze Reihe seiner später veröffentlichten Darstellungen hat in Seminaren ihren ersten Ausgangspunkt genommen und verdankt sich, wie Peter Schäfer selbst bekennt, dem intensiven wissenschaftlichen Diskurs bei deren Vorbereitung und Durchführung.[15] Die Freude, ja die damit zugleich verbundene Begeisterung an der Sache, die er dabei erfahren hat, springt auch auf den Leser über, wenn er etwa im Vorwort zu seiner Untersuchung über »Jesus im Talmud« seine Zusammenarbeit in einem Princetoner Seminar mit Israel Yuval von der Hebräischen Universität schildert: »Anfänglich wollten wir uns nur kurz treffen, um Struktur und Strategie der Seminarsitzungen zu besprechen, aber bald dauerten unsere Treffen immer länger[,] und schließlich wurden daraus Stunden, in denen wir die

he, very obviously filled with happiness, reports on a »congenial group of students [...] as well as of colleagues«.[17]

The momentum and the impetus of this successful linking of research and teaching also reaches the reader in that Peter Schäfer not only provides precisely and meticulously documented editorial work, but is no less successful at opening up a point of entry for those who have no previous in-depth knowledge of an issue. This is also thanks to the gift that his style does not tire the reader. What he puts into words does not need to be read twice or even three times until one understands the syntax and accurately grasps the intended statement. This reflects Peter Schäfer's firm conviction that the communication of the contents of research does not profit from being carried out at an abstract level of discourse and in tedious structures of argumentation. His many years of work in the USA has encouraged him in the belief that it is necessarily conducive, indeed a healthy constraint, to communicate research results comprehensibly, especially for a wider audience and thus to make them accessible – he therefore gladly allows his publications to be measured on this »American« scale.[18] As he points out, he is well aware of the risk he has entered into, namely that he may not satisfy

Texte gemeinsam lasen, uns gegenseitig inspirierten und zu immer kühneren Interpretationen und Konklusionen antrieben«[16] – und wenn er ganz offensichtlich mit Glück erfüllt von einer in diesem Seminar versammelten »kongenialen Gruppe von Studenten und Dozenten« berichtet.[17]

Der Schwung und der Elan dieser gelingenden Verknüpfung von Forschung und Lehre erreicht den Leser dann auch in der Weise, dass Peter Schäfer nicht nur präzise belegte, minutiöse Editionsarbeit vorlegt, sondern dass es ihm nicht weniger gelingt, solchen, die noch über keine vertieften Vorkenntnisse zu einer Fragestellung verfügen, den Zugang dazu zu erschließen. Das ist auch der Gabe zu verdanken, dass sein Stil einen Leser nicht müde werden lässt. Was er in Worte bringt, muss nicht zweimal oder gar dreimal gelesen werden, bis denn der Satzbau durchschaut und die Aussageabsicht präzise aufgenommen ist. Darin spiegelt sich auch Peter Schäfers feste Überzeugung wider, dass die Vermittlung erforschter Inhalte überhaupt nichts dadurch gewinnt, dass sie in einer abgehobenen Sprachebene und in nur mühsam zu erfassenden Argumentationsstrukturen erfolgt. Seine langjährige Tätigkeit in den USA hat ihn in der Überzeugung bestärkt, dass es unbedingt förderlich, ja ein heilsamer Zwang ist, Forschungsergebnisse gerade auch für ein breiteres Publikum verständlich zu vermitteln und damit zugänglich zu machen – so dass er

the – well justified! – desire of the specialists for monographic penetration into all of the relevant aspects of a theme. Instead, he composes a picture of a situation before a larger background and in a broader context. At the same time, he defends himself against the trend according to which an ever higher level of academic specialization eventually leads to being unable to outline larger interrelationships. It hardly needs to be said that he does this – if one may phrase it in the following manner – with his »scholar's eyes open«, thus not for the sake of principle and not without knowing the hazards that are associated with it – for example, the uncontrolled »importing« of one's own perspective into a historical context or the modification of the historical facts to this perspective. In that Peter Schäfer points out these possible shallows, the impulses which he wants to bring forth proceed from clear foundations; the validity of these foundations can therefore be inspected at any time.

This also allows him to parry attacks on the presented positions and lines of argument. As an exam-

seine Veröffentlichungen auch gern an diesem »amerikanischen« Maßstab messen lasse.[18] Ja, er geht, wie er unterstreicht, sehr bewusst auch das Risiko ein, bei seinen Überlegungen nicht das – sehr wohl berechtigte! – Interesse der Spezialisten an monographischer Durchdringung aller für ein Thema einschlägigen Aspekte zu befriedigen, sondern ein Bild eines Sachverhalts vor einem größeren Hintergrund und in einem breiteren Zusammenhang zu entwerfen – und er wehrt sich damit zugleich gegen den Trend, dass ein immer höheres Maß an wissenschaftlicher Spezialisierung dazu führt, es schließlich gar nicht mehr zu wagen, auch größere Zusammenhänge zu skizzieren. Kaum gesagt zu werden braucht, dass er das – wenn man es einmal so formulieren will – »wissenschaftlich sehenden Auges« unternimmt, also nicht um des Prinzips willen und nicht auch, ohne um die Gefährdungen zu wissen, die damit verbunden sind – etwa diejenige, die je eigene Perspektive in einen historischen Kontext unkontrolliert »einzuschleppen« oder mit dieser Perspektive den darzustellenden geschichtlichen Sachverhalt zu überformen. Indem Peter Schäfer diese denkbaren Untiefen ausweist, gehen die Impulse, die er setzen will, von einem offengelegten und damit auch jederzeit auf seine Tragfähigkeit zu überprüfenden Fundament aus.

Und das erlaubt es dann auch, Angriffe auf die dargestellten Positionen und Linien zu parieren. Als

ple, reference shall be made here only to Peter Schäfer's »Afterword« to the second edition of his monograph *Jesus in the Talmud*,[19] and to his conflict with Jan Assmann's theses regarding the question of the relationship between monotheism and violence.[20] In academic debate, Peter Schäfer sees himself especially challenged when it comes to overcoming clichés – or at least providing them with question marks that are well established on an argumentative basis.

With his inspiring work, Peter Schäfer has not only been met with approval and attention, but also recognition and awards. The corresponding list, which belongs to his *curriculum vitae* and which documents this, is long; it will certainly not be perceived as disrespectful if only a few particularly outstanding details are recalled here: From 1983 onward he worked as Director of the Institute for Jewish Studies at the Free University of Berlin; in 1992 he became a Member and from 1994 to 1996 Visiting Mellon Professor at the Institute for Advanced Study in Princeton (USA), where (in 1998) he became Professor of Religion and the first Ronald O. Perelman Professor of Judaic Studies at Princeton University. In addition to this there were many guest professorships, including Oxford, Jerusalem and Yale. He was conferred the honorary doctorate of theology in 1993 in Utrecht in the Netherlands; in 2007 he was honored in Israel with an honorary

Beispiel sei hier nur einmal auf Peter Schäfers Nachwort zur 2. Auflage seiner Monographie »Jesus im Talmud« verwiesen –[19] und auf seine Auseinandersetzung mit Jan Assmanns Thesen über die Frage des Zusammenhangs von Monotheismus und Gewalt.[20] Denn herausgefordert sieht sich Peter Schäfer in der wissenschaftlichen Debatte besonders dort, wo es gilt, Klischees zu überwinden – oder diese zumindest mit argumentativ gut abgesicherten Fragezeichen zu versehen.

Mit seiner anregenden Arbeit hat Peter Schäfer nicht nur Anklang und Aufmerksamkeit gefunden, sondern auch schon vor dem heutigen Tag Anerkennung und Auszeichnung. Die entsprechende, zu seinem Lebenslauf gehörende Liste, die dies dokumentiert, ist lang, und es wird gewiss nicht als despektierlich empfunden werden, wenn ich an dieser Stelle nur an einige wenige besonders herausragende Einzelheiten erinnere: Seit 1983 als Direktor des Instituts für Judaistik an der Freien Universität Berlin wirkend, war er 1992 Member und von 1994 bis 1996 Visiting Mellon Professor am Institute for Advanced Study in Princeton (USA), wo die Universität Princeton ihn 1998 zum Professor of Religion und ersten Lehrstuhlinhaber der Ronald O. Perelman Professorship of Judaic Studies berief. Hinzu traten viele Gastprofessuren, unter anderem in Oxford, Jerusalem und Yale. Die theologische Ehrendoktorwürde wurde ihm 1993 in

doctorate of philosophy from the University of Tel Aviv. In 1994, he received the Leibniz Prize here in Germany; in 2006 he was granted the renowned Andrew W. Mellon Foundation Distinguished Achievement Award in the United States for his initiative in reviving the tradition of Jewish studies in Germany.

In short, Peter Schäfer is one of the most important Jewish Studies scholars today; his work radiates far beyond the boundaries of his discipline; he does work which, in the context of the obviously changed conditions of the twenty-first century, in an impressive manner carries out what Dr. Leopold Lucas emphasized as such an urgent concern in the first decade of the twentieth century. Thus he provides a lasting and sustainable contribution to the understanding of peoples and their cultures.

Research that opens up such an understanding is represented not least in Peter Schäfer's description of the development of the relationship between late antique Judaism and early Christianity in the first centuries of the Christian era. According to his observation, demarcations and the related determinations of »orthodoxy« and »heresy« were initially still less pronounced – indeed, there was mutual enrichment. Peter Schäfer has already addressed this matter pointedly; he holds that one may not only

Utrecht in den Niederlanden verliehen, 2007 ehrte man ihn in Israel mit der philosophischen Ehrendoktorwürde der Universität Tel Aviv. 1994 hat er hier in Deutschland den Leibniz-Preis empfangen, und 2006 erhielt er für seine Initiative, die Tradition jüdischer Studien in Deutschland wiederzubeleben, den renommierten »Andrew W. Mellon Foundation Distinguished Achievement Award« in den USA.

Kurz: Peter Schäfer zählt zu den bedeutendsten Judaisten der Gegenwart, er strahlt weit über die Grenzen seines Faches hinaus aus, er leistet eine Arbeit, die im Kontext der selbstverständlich veränderten Bedingungen des 21. Jahrhunderts in einer beeindruckenden Weise das mit Leben erfüllt, was Dr. Leopold Lucas im ersten Jahrzehnt des 20. Jahrhunderts als so dringliches Anliegen herausgestellt hat, und er erbringt damit einen nachhaltig wirkenden Beitrag zum Verstehen der Völker und ihrer Kulturen.

Eine ein solches Verstehen eröffnende Forschung stellt nicht zuletzt Peter Schäfers Beschreibung der Entwicklung des Verhältnisses von spätantikem Judentum und frühem Christentum in den ersten Jahrhunderten der christlichen Zeitrechnung dar. Abgrenzungen und damit verbundene Bestimmungen von »Rechtgläubigkeit« und »Häresie« sind nach seiner Beobachtung zunächst noch wenig ausgeprägt gewesen – ja, es gab wechselseitige Befruchtungen bis dahin, dass Peter Schäfer schon zugespitzt davon

speak of a genesis of Christianity from the spirit of Judaism – which would be the traditional approach –, but also conversely of a genesis of Judaism from the spirit of Christianity.[21] I will, however, refrain from following this track because I am sure that Peter Schäfer himself will provide us with insights into this matter in his lecture – the announced title »Jews and Christians in the first centuries of their encounter« makes one eager to hear more!

Before this I would like to ask him to receive the certificate which was prepared for the awarding of the Prize!

gesprochen hat, dass man eben nicht nur (wie traditionell üblich) von einer Genese des Christentums aus dem Geist des Judentums sprechen könne, sondern auch umgekehrt von einer Genese des Judentums aus dem Geist des Christentums.[21] Doch dieser Spur weiter zu folgen, halte ich inne, denn ich bin gewiss, dass Peter Schäfer selbst uns dazu Perspektiven erschließen wird in seinem Festvortrag – der angekündigte Titel »Juden und Christen in den ersten Jahrhunderten ihrer Begegnung« macht gespannt darauf!

Zuvor darf ich ihn aber nun bitten, die zur Verleihung des Preises gefertigte Urkunde in Empfang zu nehmen!

Notes

1 [Leopold] Lucas, *Die Wissenschaft des Judentums und die Wege zu ihrer Förderung; Schriften der Gesellschaft zur Förderung der Wissenschaft des Judentums* (Berlin: Flemming, 1906), 6.

2 Ibid., 10.

3 Ibid., 11.

4 Ibid., 11.

5 Ibid., 5.

6 Ibid.

7 Ibid., 9.

8 Ibid.

9 Ibid., 13.

10 Ibid.

11 In the meantime, it has been prepared for publication, cf. Paul Silas Peterson, *The Early Hans Urs von Balthasar: Historical Contexts and Intellectual Formation* (Berlin: de Gruyter, 2015).

12 Cf. Peter Schäfer, *The Jewish Jesus: How Judaism and Christianity Shaped Each Other* (Princeton, N.J.: Princeton University Press, 2012); see the German »Vorwort« here in idem, *Die Geburt des Judentums aus dem Geist des Christentums: Fünf Vorlesungen zur Entstehung des rabbinischen Judentums* (Tübingen: Mohr Siebeck, 2010), VII.

13 Klaus Herrmann, Margarete Schlüter and Giuseppe Veltri, eds., *Jewish Studies Between the Disciples – Judaistik zwischen den Disziplinen; Papers in Honor of Peter Schäfer on the Occasion of his 60th Birthday* (Leiden: Brill, 2003).

14 Ra'anan S. Boustan, et al., eds., *Envisioning Judaism: Studies in Honor of Peter Schäfer on the Occasion of his Seventieth Birthday*, 2 vols. (Tübingen: Mohr Siebeck, 2013).

15 Cf. »Acknowledgments«, in Peter Schäfer, *Mirror of his Beauty: Feminine Images of God from the Bible to the Early Kabbalah* (Princeton, N.J.: Princeton University Press, 2002), xiii f.

16 Peter Schäfer, *Jesus in the Talmud* (Princeton, N.J.: Princeton University Press, 2007), x.

17 Ibid., ix.

Anmerkungen

1 Lucas, [Leopold]: Die Wissenschaft des Judentums und die Wege zu ihrer Förderung. Berlin 1906. [= Schriften der Gesellschaft zur Förderung der Wissenschaft des Judentums], S. 6.

2 A.a.O., S. 10.

3 A.a.O., S. 11.

4 A.a.O., S. 11.

5 A.a.O., S. 5.

6 Ebd.

7 A.a.O., S. 9.

8 Ebd.

9 A.a.O., S. 13.

10 Ebd.

11 Inzwischen für den Druck vorbereitet; s. Peterson, Paul Silas: The Early Hans Urs von Balthasar. Historical Contexts and Intellectual Formation. Berlin [u.a.] 2015.

12 Schäfer, Peter: Die Geburt des Judentums aus dem Geist des Christentums. Fünf Vorlesungen zur Entstehung des rabbinischen Judentums. Tübingen 2010. S. [VII].

13 Herrmann, Klaus/Schlüter, Margarete/Veltri, Guiseppe (Hgg.): Jewish Studies Between the Disciples. – Judaistik zwischen den Disziplinen. Papers in Honor of Peter Schäfer on the Occasion of his 60th Birthday. Leiden/Boston 2003.

14 Boustan, Ra'anan S. [u.a.] (Hgg.): Envisioning Judaism. Vol. 1 + 2. Tübingen 2013.

15 S. zum Beispiel seine »Vorbemerkung« in: Peter Schäfer, Weibliche Gottesbilder im Judentum und Christentum. Aus dem Englischen übersetzt von Christian Wiese und Claus-Jürgen Thornton. Frankfurt (Main)/Leipzig 2008, S. 11

16 Schäfer, Peter: Jesus im Talmud. Übersetzt aus dem Englischen von Barbara Schäfer. 2., durchgesehene Auflage. Tübingen 2010. S. XIV.

17 Ebd.

18 A.a.O., S. XII.

18 See the German translation of *Jesus in the Talmud* here: Schäfer, *Jesus im Talmud*, transl. Barbara Schäfer, 2nd ed. (Tübingen: Mohr Siebeck, 2010), XII.

19 Ibid., 285–294.

20 Cf. Peter Schäfer, »Das jüdische Monopol. Jan Assmann und der Monotheismus,« in *Süddeutsche Zeitung* (11 August 2004); see also Jan Assmann, »Gott und die Götter,« in *Fragen nach dem einen Gott: die Monotheismusdebatte im Kontext*, ed. Gesine Palmer (Tübingen: Mohr Siebeck, 2007), 29–51.

21 Cf. Peter Schäfer, »Vorwort,« in idem, *Die Geburt des Judentums aus dem Geist des Christentums* (see above, nt. 12), Xf.

19 A.a.O., S. 285–294.

20 S. dazu u.a. Schäfer, Peter: »Das jüdische Monopol. Jan Assmann und der Monotheismus«, in: Süddeutsche Zeitung, 11. August 2004; vgl. auch Jan Assmann, Gott und die Götter. In: Palmer, Gesine (Hg.): Fragen nach dem einen Gott. Tübingen 2007. S. 29–51.

21 So Peter Schäfer in seinem Vorwort zu: Schäfer, Geburt S. Xf.

Die bisherigen Preisträger

1974	Schalom Ben-Chorin
1975	Andreas Nissen
1976	Elias Bickermann
1977	Shmuel Sambursky
1978	Kurt Scharf
1979	Eberhard Bethge
1980	Dumitru Stăniloae
1981	Karl Popper
1982	Karl Rahner
1983	Léopold Sédor Senghor
1984	Hans Jonas und Fritz Stern
1985	Mohamed Talbi
1986	Christoph Albrecht und Ernst Gottfried Lowenthal
1987	Tullio Vinay
1988	Tenzin Gyatso, 14. Dalai Lama
1989	Paul Ricœur
1990	Bruno Bettelheim
1991	Henry Chadwick
1992	Annemarie Schimmel
1993	André Chouraqui
1994	Christian Graf von Krockow
1995	Sergej Averintsev
1996	Pnina Navè-Levinson und Nathan Peter Levinson

1997 Henryk Muszyński
1998 Michael Walzer
1999 Steven Theodore Katz
2000 Richard von Weizsäcker
2001 Michael Theunissen
2002 Moshe Zimmermann
2003 Martin Gilbert
2004 Sadik J. Al-Azm
2005 Yosef Hayim Yerushalmi
2006 René Girard
2007 Eduard Lohse
2008 Dieter Henrich
2009 Karen Armstrong
2010 Peter L. Berger
2011 Avishai Margalit
2012 Seyla Benhabib
2013 Giorgio Agamben
2014 Peter Schäfer